DAS RECHNUNGSWESEN
DER KAUFMÄNNISCHEN BETRIEBE

HAHN · LENZ · TUNNISSEN

Einführung in die kaufmännische Buchführung und Bilanz

Dipl.-Hdl. *Dr. Wilhelm Hahn*, Direktor-Stellvertreter †
Dipl.-Hdl. *Hans Lenz*, Studiendirektor, Düsseldorf
Dipl.-Hdl. *Werner Tunnissen*, Oberstudienrat, Düsseldorf
Dipl.-Hdl. *Dr. Hans Hahn*, Studiendirektor, Siegburg

61., überarbeitete Auflage

1 9 9 3

Verlag Dr. Max Gehlen · Bad Homburg vor der Höhe

Gehlenbuch 00310

. . . weil auf Papier aus 100 % chlorfrei gebleichtem Zellstoff gedruckt.

ISBN 3-441-00310-1

Herstellung: Buchdruckerei Dr. Alexander Krebs · Bad Homburg vor der Höhe

Zur Gestaltung dieses Buches

Aus dem Vorwort zu den früheren Auflagen.

Ausgehend von der Erkenntnis, daß erst auf einer breiten, allgemein-kaufmännischen Grundbildung die Spezialbildung aufbauen kann, wird auch die Grundlage der Buchführung der Industrie-, Großhandels-, Bank-, Versicherungs-, Speditionsbetriebe usw. zunächst allgemein-kaufmännisch sein müssen. Dann erst kann die Spezialausbildung einsetzen, die zu den besonderen Eigenarten der Buchführung der einzelnen Wirtschaftszweige hinführt.

Diesem Endzweck dient das vorliegende Buch. Es ist der Unterbau zu den von den Verfassern im gleichen Verlag herausgegebenen Werken „Die Buchführung der Industriebetriebe", „Die Buchführung der Großhandelsbetriebe", „Buchführungspraxis" und anderen und bringt die Grundkenntnisse, die dort vorausgesetzt werden.

Zur Neufassung dieses Buches

In dieser Auflage wurden die Vorschriften zur Rechnungslegung aller Unternehmungen gemäß **Bilanzrichtlinien-Gesetz** und der **neue Kontenrahmen für den Groß- und Außenhandel** berücksichtigt. Aufbau und Gestaltung wurden nicht verändert, so daß die wichtigsten Merkmale der 58. auch für diese Auflage gelten:

1. Aufbau vom Leichten zum Schweren,
2. Merksätze zu jedem Themenkreis als Lernhilfe,
3. Mehrfarbige Gestaltung,
4. Zahlreiche Schaubilder zur Veranschaulichung,
5. Auswertbare Übungsaufgaben zu allen Kapiteln,
6. Koordinierung des Stoffes mit anderen Fächern,
7. Zahlreiche betriebswirtschaftliche Aufgaben, die dem Lernenden von Anfang an die Buchhaltung als Mittel der Betriebskontrolle und Betriebsgebarung zeigen sollen,
8. Darstellung und Anwendung der Kontenrahmen schon ab Mitte des Buches zur Verdeutlichung der Buchhaltungsorganisation und -systeme.

Möge das Buch auch in seiner Neufassung seinen Zweck im Dienste der Kaufmannsbildung erfüllen.

Die Verfasser

Inhaltsverzeichnis

Anhang

1 Wesen und Aufgaben der Buchführung

1.1 Notwendigkeit der Buchführung

Durch Einkauf und Verkauf, Einnahmen und Ausgaben wird das Vermögen eines Unternehmens ständig verändert. Der Unternehmer muß einen Überblick über Ursachen und Höhe der Veränderungen haben, ob sein Vermögen sich vermehrt oder vermindert hat. Er muß auch wissen, wie hoch seine Kosten und Erlöse sind, ob er mit Gewinn oder Verlust gearbeitet hat. Ohne Aufzeichnungen, d. h. Buchführung, würde er die Übersicht bald verlieren.

Buchführung ist die lückenlose Aufzeichnung aller Geschäftsfälle eines Unternehmens.

1.2 Aufgaben der Buchführung

1. Die Buchführung muß **Vermögen und Schulden** ermitteln. Das geschieht am Ende jedes Geschäftsjahres, aber auch bei der Gründung einer Unternehmung.
2. Sie hält alle **Veränderungen des Vermögens und der Schulden** im Laufe des Jahres wertmäßig fest.
3. Sie erfaßt alle **Aufwendungen und Erträge,** um den Erfolg des Unternehmens, also den Gewinn oder den Verlust, zu ermitteln.
4. Sie liefert damit wichtige Zahlen für die **Preisberechnung** (Kalkulation).
5. Durch Vergleiche werden **Unterlagen für Maßnahmen und Entscheidungen** des Unternehmers geschaffen, z. B. Maßnahmen zur Kosteneinsparung, Umsatzsteigerung u. a. m.
6. Sie ist **Auskunftsmittel** für die Gläubiger, z. B. für Kreditinstitute bei der Prüfung der Kreditwürdigkeit.
7. Sie sammelt und ermittelt die Angaben für Steuererklärungen.
8. Sie ist in Rechts- und Vermögensstreitigkeiten, z. B. gegenüber dem Finanzamt und dem Gericht, wichtiges **Beweismittel.**

2 Die gesetzlichen Grundlagen der Buchführung

2.1 Buchführungspflicht

Die Buchführung liefert unentbehrliche Unterlagen für Entscheidungen des Unternehmers. Er muß daher auf eine lückenlose Aufzeichnung aller Geschäftsfälle achten. Dennoch verpflichten zahlreiche Gesetze und Verordnungen den Kaufmann zur Buchführung:

1. **Vorschriften im Handelsgesetzbuch für alle Kaufleute (§§ 238–263 HGB)**

   „Jeder Kaufmann ist verpflichtet, Bücher zu führen und in diesen seine Handelsgeschäfte und die Lage seines Vermögens nach den **Grundsätzen ordnungsmäßiger Buchführung** ersichtlich zu machen" (§ 238 Abs. 1 HGB). Danach muß der Kaufmann jährlich Rechenschaft ablegen über den Stand des Unternehmens.

2. **Vorschriften in Steuergesetzen für alle Buchführungspflichtigen**

   In § 140 **Abgabenordnung** (AO) wird diese Buchführungspflicht auch für Zwecke der Steuerberechnung bestätigt. Darüber hinaus werden in § 141 AO weitere Personen, die keine Kaufleute sind, verpflichtet, bestimmte **Buchführungs-** und **Aufzeichnungspflichten** zu erfüllen (z. B. Handwerksbetriebe, kleinere Gewerbetreibende, kleinere land- und forstwirtschaftliche Betriebe).

3. **Ergänzende Vorschriften**

   Diese allgemeinen Vorschriften zur Buchführung werden ergänzt durch Einzelbestimmungen im

   - HGB (§§ 264–339) für Kapitalgesellschaften und Genossenschaften
   - Aktiengesetz (AktG) als Spezialgesetz für Aktiengesellschaften
   - GmbH-Gesetz als Spezialgesetz für Gesellschaften mit beschränkter Haftung
   - Genossenschaftsgesetz als Spezialgesetz für Genossenschaften
   - Einkommen-, Körperschaft-, Umsatz- und Gewerbesteuergesetz.

2.2 Grundsätze ordnungsmäßiger Buchführung

Die Vorschriften verlangen, daß bei den Aufzeichnungen die „Grundsätze ordnungsmäßiger Buchführung" beachtet werden. Als wichtigste Grundsätze sind den verschiedenen Gesetzen zu entnehmen:

1. Die **Buchführung muß klar und übersichtlich** sein.
2. Die Eintragungen müssen in einer **lebenden Sprache** geschrieben werden. Die **Beträge in der Bilanz sind in Inlandswährung** auszudrücken.
3. Die Geschäftsfälle sind **vollständig, richtig, zeitgerecht und geordnet** zu erfassen. Es dürfen keine Geschäftsfälle fortgelassen werden (Grundsatz der Vollständigkeit).
4. Die **Bücher** sollen Blatt für Blatt oder Seite um Seite **fortlaufend numeriert** werden.
5. Der ursprüngliche Buchungsinhalt darf **nicht unleserlich** gemacht werden. Es soll **nicht radiert werden; keine Bleistifteintragungen!** Gespeicherte Daten dürfen während der Aufbewahrungsfrist nicht gelöscht oder überspielt werden.
6. Zwischen den Buchungen dürfen **keine leeren Räume** gelassen werden.
7. **Keine Buchung ohne Beleg!** Die Belege sind fortlaufend numeriert aufzubewahren.

8. **Bücher, Inventare und Bilanzen** sind **zehn Jahre, Belege** und sonstige Aufzeichnungen **sechs Jahre** aufzubewahren. Die Handelsbücher und die sonst erforderlichen Aufzeichnungen können auch in der geordneten Ablage von Belegen bestehen oder auf Datenträgern geführt werden. Bei der Führung der Handelsbücher auf Datenträgern muß insbesondere sichergestellt sein, daß die Daten während der Dauer der Aufbewahrungsfrist verfügbar sind und jederzeit innerhalb angemessener Frist lesbar gemacht werden können.
9. Bei der Gründung eines Unternehmens und am Schluß eines jeden Geschäftsjahres (Ausnahmen!) ist **Inventur** zu machen. Dabei sind ein Inventar und eine Bilanz aufzustellen.
10. **Kasseneinnahmen und -ausgaben** müssen täglich aufgezeichnet werden. **Käufe und Verkäufe** auf Kredit sind in einem **Kontokorrentbuch** (Geschäftsfreundebuch) festzuhalten.

2.3 Folgen bei Verstößen gegen die gesetzlichen Bestimmungen

Entspricht die Buchführung nicht den gesetzlichen Bestimmungen, und erlangte der Steuerpflichtige dadurch ungerechtfertigte Steuervorteile, sieht das Steuerrecht Maßnahmen vor:

- Schätzung der Besteuerungsgrundlage
- Umkehrung der Beweislast
- Strafverfahren wegen versuchter Steuerhinterziehung; es können Geldstrafen und Freiheitsstrafen bis zu fünf Jahren verhängt werden (§§ 369 ff. AO).

Nach § 379 AO sind bei ordnungswidrigem Verhalten auch Geldbußen vorgesehen, wenn keine Steuerkürzungen eingetreten sind **(Steuergefährdung). Ordnungswidrig** handelt, wer vorsätzlich oder leichtfertig

1. Belege ausstellt, die in tatsächlicher Hinsicht unrichtig sind,
2. nach Gesetz buchungs- oder aufzeichnungspflichtige Geschäftsfälle oder Betriebsvorgänge nicht oder unrichtig verbucht,
3. seinen Gewerbebetrieb nicht, nicht vollständig oder nicht rechtzeitig anmeldet.

1. Die Buchführung muß den gesetzlichen Bestimmungen entsprechen.
2. Nur Aufzeichnungen nach den Grundsätzen ordnungsmäßiger Buchführung haben Beweiskraft.
3. Die Buchführung muß einem sachverständigen Dritten, z. B. Prüfer, Gläubiger, jederzeit eine Übersicht über die Vermögens- und Ertragslage ermöglichen.

3 Die Bestandsrechnung

3.1 Inventur, Inventar und Bilanz

3.1.1 Die Inventur

Der Kaufmann ist nach den gesetzlichen Bestimmungen (§ 240 HGB, § 140 AO) verpflichtet, sein Vermögen und seine Schulden festzustellen:

1. bei der Eröffnung oder Übernahme einer Unternehmung,
2. am Schluß eines jeden Geschäftsjahres (meistens am 31. 12.),
3. bei Auflösung oder Veräußerung seiner Unternehmung.

Die erforderliche Tätigkeit zur Feststellung des Vermögens und der Schulden heißt **Inventur** (lat.: invenire = finden, vorfinden) oder **Bestandsaufnahme.**

Alle Vermögensteile, also nicht nur die Waren, und **alle Schulden** sind zu erfassen und mit ihren Werten in einem Verzeichnis aufzuschreiben.

Die Durchführung der Inventur muß sorgfältig vorbereitet werden, damit

- alle Vermögensteile und alle Schulden erfaßt,
- Doppelzählungen ausgeschlossen werden und
- das Betriebsleben nicht gestört wird.

Daher wird das Personal meist in Gruppen eingeteilt. Jede Gruppe ermittelt so die Bestände in einem vorher genau bestimmten Betriebsbereich. Die Feststellungsweise ist unterschiedlich. Waren können gezählt (Stück), gemessen (m), gewogen (kg) oder geschätzt werden (körperliche Bestandsaufnahme), Forderungen und Schulden gehen aus den Geschäftsbüchern hervor (buchmäßige Bestandsaufnahme).

Die Ergebnisse werden von Aufsichtspersonen des Unternehmens durch Stichproben überprüft.

> Inventur ist die mengen- und wertmäßige Erfassung des Vermögens und der Schulden einer Unternehmung zu einem bestimmten Zeitpunkt.

Nach § 241 HGB kann die **Inventur** nach verschiedenen **Verfahren** durchgeführt werden, die auch nebeneinander angewandt werden:

3.1.1.1 Die Stichtaginventur (Abschnitt 30 Abs. 1 EStR)

Die Vermögens- und Schuldenteile werden am Ende des Geschäftsjahres zum Bilanzstichtag aufgenommen. Da es häufig nicht möglich ist, die Inventur an einem Tag durchzuführen, gestattet der Gesetzgeber eine Aufnahmefrist von 10 Tagen vor oder nach dem Bilanzstichtag.

3.1.1.2 Die permanente (fortdauernde) Inventur (§ 241 Abs. 2 HGB)

Die Stichtagsinventur kann umgangen werden, wenn die Bestände jederzeit aus Büchern oder Karteien entnommen werden können. Das setzt voraus, daß Art und Menge der Bestände, Zu- und Abgänge laufend festgehalten werden.

Eine wertmäßige Fortschreibung ist zwar zur schnellen und richtigen Bewertung der Bestände wünschenswert, aber nicht erforderlich.

In einem **Plan** ist sicherzustellen, daß innerhalb eines Wirtschaftsjahres **alle Buchbestände (Sollbestände) einmal** darauf überprüft werden, ob sie mit den **tatsächlich vorhandenen Beständen (Istbestände)** übereinstimmen. Tag und Ergebnis der Prüfung sind in der Lagerkartei bzw. Lagerdatei (bei Lagerverwaltung mittels DVA) festzuhalten **(Protokoll).**

Artikel Nr.: 58 — Lieferer: BARMER & CO ESSEN — Mindestbestand: 15
Warenart: KOFFERRADIO — Höchstbestand: 40

Datum	Beleg	Zugang	Abgang	Bestand	Einkaufspreis	Aufnahme		Bemerkungen
						am	von	
03.04.	UEBERTRAG	--	--	16	115,00			
08.04.	ER 422	20	--	36	102,00			
15.04.	AR 873	--	11	25				
18.04.	AR 901	--	5	20				
						19.04.19..	Hatke	geprüft: Maßbender

Stimmt der **Istbestand** nicht mit dem **Buchbestand (Sollbestand)** überein, muß der Buchbestand entsprechend berichtigt werden.

Die **permanente Inventur,** eine Kombination von **„Buchinventur"** und **„tatsächlicher Bestandsaufnahme"**, hat folgende Vorteile:

- die Inventurarbeiten werden über das ganze Jahr verteilt,
- der einzelne Artikel kann grundsätzlich dann aufgenommen werden, wenn sein Bestand am niedrigsten ist,
- der Bestand kann jederzeit schnell aus den Büchern entnommen werden.

3.1.1.3 Die zeitlich verlegte Inventur (§ 241 HGB)

Die Bestandsaufnahme wird innerhalb

- **der letzten drei Monate vor dem Bilanzstichtag** oder
- **der ersten zwei Monate nach dem Bilanzstichtag**

durchgeführt, wobei die einzelnen Warengruppen zu unterschiedlichen Zeitpunkten aufgenommen und bewertet werden können.

Die Veränderungen der Bestände zwischen dem Inventur- und Bilanzstichtag sind wertmäßig **fortzuschreiben** bzw. **zurückzurechnen.**

Fortschreibung		Rückrechnung	
Warenwert am Tag der Inventur	5 720,—	Warenwert am Tag der Inventur	3 300,—
+ Wareneinkauf bis zum Bilanzstichtag	3 680,—	— Wareneinkauf seit dem Bilanzstichtag	1 500,—
	9 400,—		1 800,—
— Warenverkauf bis zum Bilanzstichtag zu Einstandspreisen	5 400,—	+ Warenverkauf seit dem Bilanzstichtag zu Einstandspreisen	2 200,—
= Warenwert am Bilanzstichtag	4 000,—	= Warenwert am Bilanzstichtag	4 000,—

Aufgabe 1

Viele Einzelhandelsgeschäfte werden am Ende des Jahres wegen Inventur geschlossen;

a) Warum?
b) Welche Nachteile hat die Schließung des Geschäftes?
c) Wie kann die Schließung vermieden werden?

Aufgabe 2

Sprechen Sie über Vorbereitungsarbeiten der Inventur
a) in einem Textileinzelhandelsgeschäft,
b) in einem Lebensmittelgeschäft!

3.1.2 Das Inventar

Die Ergebnisse der Inventur werden in einem **Bestandsverzeichnis,** dem **Inventar,** festgehalten (lat.: inventarium = Verzeichnis des Vorgefundenen).

Das Inventar enthält **Art, Menge und Wert der Vermögensteile und Schulden.** Eine klare Trennung von Vermögen und Schulden ermöglicht die Berechnung des **Reinvermögens.** Daraus ergibt sich folgende Dreiteilung des Inventars:

A. Vermögen
B. Schulden
C. Errechnung des Reinvermögens

A. Vermögen

Das Vermögen wird in zwei Teile gegliedert:

I. Das Anlagevermögen

Hierzu zählen die **Vermögensteile, die dem Unternehmen längere Zeit dienen:** Grundstücke und Gebäude, Maschinen und maschinelle Anlagen, Werkzeuge, Transporteinrichtungen, Betriebs- und Geschäftsausstattung usw.

Das Anlagevermögen bildet die Grundlage des Betriebes. Mit seiner Hilfe können die eigentlichen Aufgaben des Betriebes, wie Einkauf, Lagerung, Produktion, Verkauf, erst durchgeführt werden. Es ist dazu bestimmt, dem Unternehmen längere Zeit zu dienen (§ 247 Abs. 2 HGB).

II. Das Umlaufvermögen

Zum Umlaufvermögen zählen die **Teile des Vermögens, die umgesetzt werden:** Warenvorräte, Forderungen, Bank- und Postgiroguthaben, Bargeld usw.

Im Gegensatz zum Anlagevermögen wird das Umlaufvermögen durch die betriebliche Tätigkeit ständig verändert und umgewandelt: beim Warenverkauf auf Ziel entstehen Forderungen; diese werden zu Zahlungsmitteln, wenn der Kunde die Rechnung begleicht. Die Zahlungsmittel werden wiederum zum Einkauf von Waren ausgegeben.

1. Das Vermögen wird in Anlage- und Umlaufvermögen gegliedert.
2. Die Vermögensposten werden nach der Flüssigkeit (Liquidität) geordnet.

B. Schulden

Die verschiedenen **Verbindlichkeiten** werden nach dem **Kriterium der Fälligkeit** geordnet, indem zuerst die langfristigen (z. B. Hypotheken- und Darlehensschulden) und dann die kurzfristigen (z. B. Verbindlichkeiten a. LL) aufgeführt werden.

Kapitalgesellschaften (AG, GmbH) müssen zu den einzelnen Verbindlichkeitspositionen den Anteil mit einer **Restlaufzeit von über 5 Jahren und dem Anteil mit einer Restlaufzeit bis zu einem Jahr angeben.**

Die Schuldenposten werden nach ihrer Fälligkeit (= Dringlichkeit der Rückzahlung) geordnet.

C. Errechnung des Reinvermögens (= Eigenkapital)

Vom Vermögen werden die Schulden abgezogen. Der Unterschied wird als Reinvermögen oder Eigenkapital bezeichnet:

	Summe des Vermögens
–	Summe der Schulden
=	Reinvermögen (Eigenkapital)

Inventar der Fahrradgroßhandlung Otto Wind,
Bielefeld, am 31. Dezember 19 . .

Art, Menge, Einzelwert	DM	DM
A. Vermögen		
I. Anlagevermögen		
1. Gebäude, Waldstr. 34		85 000,—
2. Fuhrpark lt. bes. Verzeichnis, Anlage 1		45 000,—
3. Geschäftsausstattung lt. bes. Verzeichnis, Anlage 2		11 000,—
II. Umlaufvermögen		
1. Waren		
45 Fahrräder Marke „Tour" zu 135,— DM je Stück	6 075,—	
84 Fahrräder Marke „Blitz" zu 125,— DM je Stück	10 500,—	
145 Fahrräder lt. bes. Verzeichnis, Anlage 3	22 330,—	
138 Kinderfahrräder lt. bes. Verzeichnis, Anlage 4	11 144,—	
68 Rennfahrräder Marke „Weltmeister" zu je 240,— DM	16 320,—	
Zubehörteile lt. bes. Verzeichnis, Anlage 5	8 420,—	
Ersatzteile lt. bes. Verzeichnis, Anlage 6	12 340,—	87 129,—
2. Forderungen auf Grund von Lieferungen und Leistungen[1]) an Kunden		
Richard Scherer, Herford	7 200,—	
Rolf Wiemann, Bielefeld	10 800,—	18 000,—
3. Bankguthaben		
Sparkasse Bielefeld	8 500,—	
Westfalen-Bank, Bielefeld	6 800,—	15 300,—
4. Bargeld		4 560,—
Gesamtvermögen		265 989,—
B. Schulden		
I. Langfristige Schulden		
Darlehnsschulden bei der Westdeutschen Kreditbank		35 000,—
II. Kurzfristige Schulden		
Verbindlichkeiten auf Grund von Lieferungen und Leistungen[2])		
P. Frohn, Bielefeld	8 700,—	
L. Meier, Stuttgart	11 400,—	20 100,—
Gesamtschulden		55 100,—
C. Errechnung des Eigenkapitals		
Gesamtvermögen		265 989,—
— Gesamtschulden		55 100,—
Eigenkapital = Reinvermögen		210 889,—

[1]) Forderungen a. LL
[2]) Verbindlichkeiten a. LL

Das Inventar ist ein Verzeichnis des Vermögens und der Schulden nach Art, Menge und Wert; der Vergleich von Vermögen und Schulden dient der Ermittlung des Reinvermögens (= Eigenkapital).

Das Inventar mit allen zu seinem Verständnis erforderlichen Unterlagen darf auch auf Bildträgern (Mikrokopien) oder auf anderen Datenträgern (Magnetband, Magnetplatte, Diskette) angefertigt bzw. aufbewahrt werden (§§ 239, 261 HGB, 147 Abs. 2 AO).

3.1.3 Auswertung des Inventars

Das Inventar gibt dem Kaufmann einen Überblick über den **Stand seines Vermögens und seiner Schulden zu einem bestimmten Zeitpunkt.**

Durch Vergleich der Inventare mehrerer Jahre kann er die **Entwicklung der einzelnen Bestände** erkennen. Er sieht, ob Vermögen, Schulden und Eigenkapital sich vermehrt oder vermindert haben. Bei ungünstiger Entwicklung wird er sich fragen müssen, wo die Ursachen liegen und welche Maßnahmen er zur Besserung ergreifen muß.

Der **Vergleich des Kapitals** zweier aufeinanderfolgender Jahre zeigt, mit welchem Erfolg das Unternehmen gearbeitet hat, d. h. mit Gewinn oder Verlust.

Erfolg

Kapitalmehrung = Gewinn | **Kapitalminderung = Verlust**

Beispiele

1		2
100 000,— DM	Kapital am Ende des Jahres	130 000,— DM
80 000,— DM	— Kapital am Anfang des Jahres	135 000,— DM
20 000,— DM Gewinn		**Verlust 5 000,— DM**

Hat der Unternehmer während des Geschäftsjahres Geld oder Waren für Privatzwecke aus dem Betrieb entnommen oder Teile aus dem Privatvermögen in das Betriebsvermögen eingebracht, müssen diese **Privatentnahmen** und **Privateinlagen** bei der Erfolgsermittlung berücksichtigt werden.

Privatentnahmen sind einer Kapitalmehrung hinzuzurechnen, einer Kapitalminderung abzuziehen.

Privateinlagen sind von einer Kapitalmehrung abzuziehen, einer Kapitalminderung hinzuzurechnen.

Beispiele unter Berücksichtigung von Privatentnahmen und Privateinlagen

1		2
100 000,— DM	Eigenkapital am Ende des Jahres	130 000,— DM
80 000,— DM	— Eigenkapital am Anfang des Jahres	135 000,— DM
20 000,— DM (Mehrung) ←	Kapitalveränderung	→ (Minderung) 5 000,— DM
15 000,— DM	+ Privatentnahmen	15 000,— DM
35 000,— DM		10 000,— DM
30 000,— DM	— Privateinlagen (z. B. Grundstück)	30 000,— DM
5 000,— DM (Gewinn) ←	Erfolg	→ (Verlust) 20 000,— DM

Aufgaben 3–8

Stellen Sie das Inventar auf! Beachten Sie die Gliederung auf S. 12 und das Schema auf S. 14!

Aufgabe 3

Der Lebensmittelgroßhändler Felix Roth, Köln, machte am 31. 12. 19.. Inventur. Dabei stellte er folgende Werte fest:

		DM
Gebäude		45 000,—
Fuhrpark lt. bes. Verzeichnis		60 000,—
Geschäftsausstattung lt. bes. Verzeichnis		12 000,—
Waren lt. Warenliste		75 000,—
Forderungen a. LL	DM	DM
Alois Hausmann, Köln	2 100,—	
Ludwig Sommer, Siegburg	1 950,—	
Peter Dick, Euskirchen	3 270,—	
Guthaben bei der		
Handelsbank, Köln	3 185,—	
Sparkasse der Stadt Köln	7 430,—	
Guthaben beim Postgiroamt Köln		2 865,—
Bargeld		2 487,—
Darlehnsschulden bei der Bank für Handel und Gewerbe		18 000,—
Verbindlichkeiten a. LL		
Schmitz & Co., Aachen	4 600,—	
König AG, Stuttgart	3 200,—	
Werner Lind, Hamburg	5 100,—	

Aufgaben 4 und 5

Der Textilwarengroßhändler Martin Huber, Stuttgart, stellte am 31. 12. 19.. und am 31. 12. des nächsten Jahres folgende Werte fest:

	4	**5**
	19..	19..
	DM	DM
Gebäude	60 000,—	59 000,—
Fuhrpark lt. Verzeichnis	40 000,—	30 000,—
Geschäftsausstattung lt. bes. Verzeichnis	18 000,—	16 200,—
Waren lt. Warenliste	85 000,—	101 000,—
Forderungen a. LL		
Wilhelm Bauer, Stuttgart	4 000,—	3 500,—
Alois Michels, Ludwigshafen	2 800,—	5 000,—
Klaus Lohmann, Mannheim	3 100,—	3 800,—
Guthaben bei der Stadtsparkasse Stuttgart	6 740,—	15 280,—
Bargeld	2 100,—	2 900,—
Darlehnsschulden bei der Neckar-Bank	70 000,—	60 000,—
Verbindlichkeiten a. LL		
A. Missel & Co., Heidenheim	6 000,—	8 000,—
P. Schulze, Berlin	8 000,—	4 000,—
F. Schmitz, Krefeld	3 300,—	2 600,—
H. Meyer, Augsburg	3 400,—	3 700,—

Vergleichen Sie die Inventare der beiden Jahre!

a) Worauf führen Sie die Veränderungen des Anlage- und Umlaufvermögens und der Schulden zurück?

b) Um welchen Betrag hat sich das Eigenkapital verändert?

Aufgabe 6

Der Industriekaufmann Hans Lindner, Essen, stellte bei der Inventur am 31. Dezember 19.. folgende Werte fest:

	DM
Maschinen lt. Verzeichnis	120 000,—
Geschäftsausstattung lt. Verzeichnis	8 000,—
Fertigungsstoffe lt. Verzeichnis	50 000,—
Fertige Erzeugnisse lt. Verzeichnis	95 000,—
Forderungen a. LL lt. Verzeichnis	24 000,—
Guthaben bei der Stadtsparkasse	7 500,—
Guthaben beim Postscheckamt	1 560,—
Darlehnsschulden bei der Dresdner Bank	80 000,—
Bargeld	1 840,—

Verbindlichkeiten a. LL	DM
Th. Brune KG, Dortmund	15 400,—
H. Stiller, Bochum	9 300,—
F. Grosser Import, Hamburg	12 800,—

Stellen Sie das Inventar auf!

Aufgaben 7 und 8

Der Elektrogroßhändler Friedrich Lemke, Berlin, stellte bei der Inventur am 31. 12. 19.. und am 31. 12. 19.. folgende Werte fest:

	7	8
Waren:	DM	DM
Lampen lt. Verzeichnis	20 000,—	30 000,—
Kühlschränke, Waschmaschinen, Herde lt. Verzeichnis	130 000,—	120 000,—
Fernseh- und Radiogeräte lt. Verzeichnis	64 000,—	70 000,—
Zubehör- und Ersatzteile lt. Verzeichnis	34 000,—	30 000,—
Bargeld	4 200,—	6 100,—
Verbindlichkeiten a. LL lt. Verzeichnis	40 000,—	36 000,—
Forderungen a. LL lt. Verzeichnis	35 000,—	38 000,—
Guthaben bei der Stadtsparkasse	18 000,—	24 000,—
Darlehn der Handelsbank Berlin	100 000,—	100 000,—
Gebäude, Bismarckstr. 18—20	120 000,—	118 000,—
Fuhrpark lt. Verzeichnis	60 000,—	45 000,—
Geschäftsausstattung lt. Verzeichnis	20 000,—	32 000,—

a) Stellen Sie die Inventare für beide Jahre in der bekannten Ordnung auf!

b) Vergleichen Sie die Bestände der beiden Jahre!

c) Wie erklären Sie die Änderungen des Vermögens?

d) Vergleichen Sie das Kapital der beiden Jahre!

Aufgabe 9

Ordnen Sie die unten angegebenen Posten einer Möbelfabrik in eine Tabelle mit folgender Gliederung ein:

Anlagevermögen	Umlaufvermögen	Eigenkapital	Langfristige Schulden	Kurzfristige Schulden

Posten:

1. Vorräte an hergestellten Schränken
2. EDV-Anlage
3. Verbindlichkeiten gegenüber einem Lieferer
4. Bankguthaben
5. Darlehen mit fünfjähriger Laufzeit
6. Sägen
7. Geschäftsräume
8. Guthaben bei einem Kunden
9. Fräsen
10. Vorräte an Holz
11. Kassenbestand
12. Regale in den Lagerräumen
13. Gabelstapler
14. Reinvermögen
15. Guthaben beim Postgiroamt
16. Geschäfts-PKW
17. Geschäftsparkplatz
18. Schreibmaschinen

Aufgabe 10

Das Eigenkapital einer Unternehmung betrug am Anfang eines Geschäftsjahres 500 000,— DM, am Ende des Geschäftsjahres 540 000,— DM. Im Laufe des Jahres tätigte der Unternehmer 60 000,— DM Privatentnahmen und eine Einlage von 20 000,— DM.

Welchen Erfolg erzielt die Unternehmung?

Aufgabe 11

Am Ende des Geschäftsjahres hat ein Industriebetrieb 680 000,— DM Vermögen, 270 000,— DM Schulden. Im Laufe des Jahres wurde ein Gewinn von 75 000,— DM erwirtschaftet. Der Unternehmer tätigte 50 000,— DM Privatentnahmen und machte eine Einlage von 10 000,— DM. Wie hoch war das Eigenkapital am Anfang des Geschäftsjahres?

3.1.4 Die Bilanz

Aus dem Inventar ersieht der Kaufmann die genaue Zusammensetzung der einzelnen Vermögens- und Schuldenteile. Es sind beispielsweise alle Teile der Geschäftsausstattung, alle Waren nach Menge, Art und Wert aufgezeichnet.

Dadurch leidet die Übersicht über das Verhältnis zwischen Vermögens- und Schuldenteilen. So möchte der Kaufmann beispielsweise mit einem Blick sehen, wie groß seine Forderungen einerseits und seine Verbindlichkeiten andererseits sind.

Eine solche Übersicht vermittelt **die Bilanz.**

Nach § 242 HGB ist sie regelmäßig neben dem Inventar zu erstellen.

In der Bilanz wird auf jede mengenmäßige Darstellung des Vermögens und der Schulden verzichtet. Sie enthält lediglich die Gesamtwerte gleichartiger Posten.

Außerdem ist die Darstellungsweise anders: Vermögen und Kapital werden in einem Konto gegenübergestellt (gem. § 266 HGB Vorschrift für Kapitalgesellschaften).

Das **Konto** (ital. conto = Rechnung) ist eine zweiseitige Rechnung in T- oder Reihenform[1]) zur getrennten und übersichtlichen Aufzeichnung verschiedener Vorgänge.

Beispiel 1

Buchung der Bareinnahmen und Barausgaben auf dem Kassenkonto

Einnahmen	Kasse		Ausgaben
Anfangsbestand	860,—	Mietzahlung	460,—
Zahlung von Klein	1 250,—	Zahlung an Sauer	780,—
Bankabhebung	900,—	Gehaltszahlung	850,—
		Saldo (Ausgleich)	920,—
	3 010,—		3 010,—

Beim Abschluß dieser Rechnung ergibt der Überschuß der größeren Seite den Ausgleich: den **Endbestand (Saldo).** Der nicht beschriebene Raum wird bei manueller Buchführung durch einen Riegel, die **„Buchhalternase“**, gesperrt.

1) Heute wird die Reihenform vorwiegend verwendet. Siehe hierzu S. 120.

Beispiel 2

Gegenüberstellung von Vermögen und Kapital in T-Kontenform in der Bilanz zum Inventar (Seite 14).

Aktiva (= Vermögen)	Bilanz der Fa. O. Wind zum 31. Dez. 19 . .	Passiva (= Kapital)	
I. Anlagevermögen		I. Eigenkapital[1])	210 889,—
1. Gebäude	85 000,—	II. Schulden (Fremdkapital)	
2. Fuhrpark	45 000,—	1. Darlehnsschulden	35 000,—
3. Geschäftsausstattung	11 000,—	2. Verbindlichk. a. LL	20 100,—
II. Umlaufvermögen			
1. Waren	87 129,—		
2. Forderungen a. LL	18 000,—		
3. Kasse	4 560,—		
4. Bankguthaben	15 300,—		
	265 989,—		265 989,—

Bielefeld, den 10. Januar 19 . .

Otto Wind[2])

1. Das Vermögen steht auf der linken Seite (= Aktivseite) der Bilanz.
2. Eigenkapital und Fremdkapital stehen auf der rechten Seite (= Passivseite) der Bilanz.
3. Das Eigenkapital (= Reinvermögen) bildet den Ausgleich zwischen Vermögen und Schulden[1]).
4. Die Summen der beiden Bilanzseiten stimmen daher überein. Aktiv- und Passivseite halten sich die Waage (ital.: bilancia = Waage).
5. Der Jahresabschluß – dazu gehört neben der Bilanz die Gewinn- und Verlustrechnung – ist vom Kaufmann unter Angabe des Datums zu unterzeichnen (§ 245 HGB).

3.1.5 Auswertung der Bilanz

Jeder Kaufmann, der einen eigenen Betrieb führen will, muß über die erforderlichen Geldmittel verfügen. Reichen die eigenen Mittel nicht aus, so kann er fremde Hilfe (Banken, Lieferer) in Anspruch nehmen. Er muß jedoch darauf achten, daß er die Pflichten (Rückzahlungen, Zinsen), die mit dem Fremdkapital verbunden sind, erfüllen kann.

1) Nach den Bestimmungen des HGB erscheint auf der Passivseite zuerst das Eigenkapital, dann erst das Fremdkapital.
2) Siehe 5. Merksatz und auch S. 53 f.

Erfahrungsgemäß soll das Fremdkapital nicht größer sein als das Eigenkapital.

Wichtig ist auch, daß der Kaufmann sich genau überlegt, wie er das Kapital anlegt.

Die Bilanz einer Unternehmung zeigt nun in übersichtlicher Form, woher das Kapital stammt und wie es angelegt wurde:

Vermögen oder Aktiva	**Bilanz** Kapital oder Passiva
Diese Seite erfaßt **die Formen des Vermögens,** d. h. die Mittelverwendung **(Investierung):**	Die Seite erfaßt **die Quellen des Kapitals,** d. h. die Mittelherkunft **(Finanzierung):**
Anlagevermögen	Eigenkapital
+ Umlaufvermögen	+ Schulden (Fremdkapital)
= Vermögen der Unternehmung	= Kapital der Unternehmung

Die Summe des Vermögens ist gleich der Summe des Kapitals **(Bilanzgleichung).**

Die Bilanz zeigt, ob das Unternehmen überwiegend mit eigenen oder fremden Mitteln arbeitet.

Ferner erteilt sie Auskunft darüber, ob das Unternehmen über genügend flüssige Mittel verfügt, um die kurzfristigen Verbindlichkeiten auszugleichen.

Sehr aussagekräftig wird die Bilanz, wenn folgende Posten verglichen werden:[1]

1. Eigenkapital und Fremdkapital,
2. Eigenkapital und Anlagevermögen,
3. Anlagevermögen und Umlaufvermögen,
4. Flüssige Mittel und kurzfristige Verbindlichkeiten.

[1] Einzelheiten dazu auf S. 146 ff.

Dies sei an zwei Beispielen gezeigt:

Beispiel 1

Aktiva — Bilanz — Passiva

	Aktiva	Passiva	
4/12 = $33\frac{1}{3}$ %	Anlagevermögen 48 000,— DM	Eigenkapital 84 000,— DM	7/12 = $58\frac{1}{3}$ %
5/12 = $41\frac{2}{3}$ %	Umlaufvermögen (Waren, Forderungen a. LL) 60 000,— DM	Langfristige Verbindlichkeiten 36 000,— DM	3/12 = 25 %
3/12 = 25 %	Flüssige Mittel (Kasse, Bank, Postgiro) 36 000,— DM	Kurzfristige Verbindlichkeiten 24 000,— DM	2/12 = $16\frac{1}{3}$ %
12/12 = 100 %	144 000,— DM	144 000,— DM	12/12 = 100 %

Beispiel 2

Aktiva — Bilanz — Passiva

	Aktiva	Passiva	
7/12 = $58\frac{1}{3}$ %	Anlagevermögen 84 000,— DM	Eigenkapital 48 000,— DM	4/12 = $33\frac{1}{3}$ %
		Langfristige Verbindlichkeiten 36 000,— DM	3/12 = 25 %
3/12 = 25 %	Umlaufvermögen (Waren, Forderungen a. LL) 36 000,— DM	Kurzfristige Verbindlichkeiten 60 000,— DM	5/12 = $41\frac{2}{3}$ %
2/12 = $16\frac{2}{3}$ %	Flüssige Mittel (Kasse, Bank, Postgiro) 24 000,— DM		
12/12 = 100 %	144 000,— DM	144 000,— DM	12/12 = 100 %

1. Die Bilanz ist eine Gegenüberstellung von Vermögen und Kapital in Kontenform.
2. Die Bilanz übernimmt aus dem Inventar nur die Gesamtwerte gleichartiger Vermögens- und Kapitalteile.
3. Die Bilanz zeigt Kapitalquellen, Kapitalverwendung und erteilt Auskunft über das Verhältnis einzelner Vermögens- und Schuldenteile zueinander.

3.1.6 Inventar und Bilanz, ein Vergleich

Das Inventar und die Bilanz sind Übersichten über das Vermögen und das Kapital einer Unternehmung. Sie unterscheiden sich nur in der Art der Darstellung. Die Unterschiede zeigt folgende Übersicht:

Inventar	→	Bilanz
Ausführlich, aber unübersichtlich		kurz, aber übersichtlich
Angabe der Mengen, Einzelpreise und Gesamtwerte	**Das Inventar ist die Grundlage zur Aufstellung der Bilanz**	Nur Angabe der Gesamtwerte
Vermögen, Schulden und Reinvermögen untereinander	→	Vermögen und Kapital in Kontenform

Inventare und Bilanzen müssen 10 Jahre aufbewahrt werden (§§ 257 HGB, 147 AO).

Aufgaben 12—20

Beachten Sie in folgenden Aufgaben stets die Ordnung des Vermögens nach der Flüssigkeit, der Schulden nach der Fälligkeit!

Aufgaben 12 und 13

Stellen Sie nach folgenden Angaben die Bilanz auf!

	12 DM	**13** DM
Geschäftsausstattung	6 000,—	18 000,—
Waren	7 000,—	32 000,—
Forderungen a. LL	1 800,—	5 500,—
Bankguthaben	2 000,—	4 400,—
Kasse	800,—	1 600,—
Darlehnsschulden	—	3 000,—
Verbindlichkeiten a. LL	2 100,—	6 400,—

Aufgaben 14 und 15

Stellen Sie die Bilanz auf!	**14**	**15**
	DM	DM
Waren	7 000,—	—
Kasse	1 000,—	15 000,—

Aufgaben 16 und 17

	16	**17**
	DM	DM
Waren	15 400,—	22 650,—
Verbindlichkeiten a. LL	4 900,—	6 300,—
Bankguthaben	2 800,—	3 100,—
Forderungen a. LL	4 400,—	5 500,—
Kasse	1 150,—	1 420,—
Darlehnsschulden	3 000,—	5 000,—
Geschäftsausstattung	8 000,—	11 000,—
Gebäude	45 000,—	86 000,—
Hypothekenschulden	20 000,—	30 000,—

Stellen Sie die Bilanz auf!

Aufgaben 18 und 19

Der Kaufmann Hans Lewen, Mainz, machte am 2. Januar und 31. Dezember 19.. Inventur. Er stellte folgende Werte fest:

	18	**19**
	2. 1. 19..	31. 12. 19..
Betriebs- und Geschäftsausstattung lt. Verzeichnis	8 500,—	7 650,—
Waren lt. Verzeichnis	19 360,—	17 920,—
Forderungen a. WL		
Herbert Berg, Wiesbaden	1 850,—	1 970,—
Fritz Maas, Bingen	2 370,—	—
Kurt Schorn, Mainz	3 640,—	3 640,—
Hermann Feld, Mainz	—	1 760,—
Bankguthaben	4 800,—	5 100,—
Postgiroguthaben	1 260,—	1 130,—
Kasse	750,—	810,—
Verbindlichkeiten a. LL		
Karl Huber, Stuttgart	2 670,—	1 720,—
Ernst Klein, Berlin	3 620,—	2 100,—
F. Merz OHG, Frankfurt	4 100,—	530,—

a) Stellen Sie Inventar und Bilanz für beide Zeitpunkte auf!

b) Mit welchem Erfolg hat Lewen gearbeitet, wenn er im Laufe des Jahres 5 000,— DM für private Zwecke aus der Kasse entnommen hat?

Aufgabe 20

Stellen Sie zu den Inventaren der Aufgaben 3—8, S. 16 ff., die Bilanzen auf!

Aufgaben 21 und 22

Auf dem Bankkonto in T-Form sind folgende Buchungen vorzunehmen:

	21	22
	DM	DM
Anfangsbestand (linke Seite)	4 600,—	9 200,—
Geschäftsfälle		
1. Überweisung der Monatsmiete für gemietete Lagerräume	800,—	1 400,—
2. Einzahlung der Einnahme aus der Kasse	2 400,—	3 200,—
3. Überweisung an einen Lieferer	1 000,—	1 500,—
4. Zahlung eines Kunden für fällige Rechnung	280,—	420,—

Das Konto ist abzuschließen. Ermitteln Sie den Schlußbestand!

Aufgaben 23 und 24

Buchen Sie auf dem Kassenkonto der Industrieunternehmung Felix Klein in Reihenform die Geschäftsfälle vom Montag, dem 1. 7. 19 . . bis Samstag, dem 13. 7. 19 . .

Das Konto ist wöchentlich abzuschließen!

			23	24
			DM	DM
Montag	1. 7.	**Anfangsbestand**	1 663,20	1 719,05
		Gehaltszahlung	1 120,—	1 200,—
Dienstag	2. 7.	Mietzahlung für gemietete Geschäftsräume	400,—	500,—
Mittwoch	3. 7.	Zahlung eines Kunden	970,—	890,—
Freitag	5. 7.	Briefmarkeneinkauf	40,—	50,—
Samstag	6. 7.	Einkauf von Büromaterial	34,20	42,60
Montag	8. 7.	**Saldovortrag**	?	?
		Kundenzahlung	1 470,—	1 650,—
		Einzahlung auf Bankkonto	1 500,—	1 600,—
Dienstag	9. 7.	Barverkauf von Erzeugnissen . . .	1 230,40	1 540,80
Mittwoch	10. 7.	Kauf von Rohstoffen	840,60	960,30
Donnerstag	11. 7.	Bezahlung der Stromrechnung . . .	214,20	244,10
Freitag	12. 7.	Barverkauf von Erzeugnissen . . .	930,80	1 114,85
Samstag	13. 7.	Bezahlung einer Liefererrechnung . .	820,50	942,70

3.2 Die Wertbewegungen in der Bilanz

Aktiva		Bilanz	Passiva
Waren	8 000,—	Eigenkapital	8 000,—
Bankguthaben	3 000,—	Darlehnsschulden	2 000,—
Kasse	1 500,—	Verbindlichkeiten a. LL	2 500,—
	12 500,—		12 500,—

Die Bilanz ist eine Aufstellung des Vermögens und der Schulden zu einem bestimmten Zeitpunkt. Durch die Geschäftstätigkeit werden die Vermögens- und Kapitalbestände aber laufend verändert. Damit ändert sich bei jedem Geschäftsfall auch die Bilanz.

Folgende vier Änderungsmöglichkeiten der Bilanz sind zu unterscheiden:

① Aktivtausch

Beispiel

Wareneinkauf bar 300,— DM

Waren	+	300,— DM
Kasse	—	300,— DM

Der Geschäftsfall betrifft nur die Aktivseite der Bilanz:

Aktiva	Bilanz		Passiva
Waren	8 300,—	Eigenkapital	8 000,—
Bankguthaben	3 000,—	Darlehnsschulden	2 000,—
Kasse	1 200,—	Verbindlichkeiten a. LL	2 500,—
	12 500,—		12 500,—

② Passivtausch

Beispiel

Eine kurzfristige Verbindlichkeit wird in eine Darlehnsschuld umgewandelt, 600,— DM

Verbindlichkeiten	—	600,— DM
Darlehn	+	600,— DM

Der Geschäftsfall betrifft nur die Passivseite der Bilanz:

Aktiva	Bilanz		Passiva
Waren	8 300,—	Eigenkapital	8 000,—
Bankguthaben	3 000,—	Darlehnsschulden	2 600,—
Kasse	1 200,—	Verbindlichkeiten a. LL	1 900,—
	12 500,—		12 500,—

③ Aktiv – Passivmehrung (Bilanzverlängerung)

Beispiel

Wareneinkauf auf Ziel, 500,— DM

Waren	+	500,— DM
Verbindlichkeiten	+	500,— DM

Der Geschäftsfall betrifft Aktiv- und Passivseite der Bilanz. Ein Posten der Aktiv- und ein Posten der Passivseite vermehren sich um den gleichen Betrag. Die Bilanzsummen nehmen um den gleichen Betrag zu. Die Bilanzgleichung bleibt erhalten:

Aktiva	Bilanz		Passiva
Waren	8 800,—	Eigenkapital	8 000,—
Bankguthaben	3 000,—	Darlehnsschulden	2 600,—
Kasse	1 200,—	Verbindlichkeiten a. LL	2 400,—
	13 000,—		13 000,—

④ **Aktiv – Passivminderung** (Bilanzverkürzung)

Beispiel

Ausgleich einer Liefererrechnung durch Banküberweisung, 800,— DM

Verbindlichkeiten	— 800,— DM
Bank	— 800,— DM

Ein Posten der Aktiv- und ein Posten der Passivseite werden um den gleichen Betrag vermindert. Die Bilanzsummen nehmen um den gleichen Betrag ab. Das Gleichgewicht der Bilanzwaage bleibt erhalten:

Aktiva	Bilanz		Passiva
Waren	8 800,—	Eigenkapital	8 000,—
Bankguthaben	2 200,—	Darlehnsschulden	2 600,—
Kasse	1 200,—	Verbindlichkeiten a. LL	1 600,—
	12 200,—		12 200,—

1. Jeder Geschäftsfall verändert zwei Posten der Bilanz.
2. Betrifft ein Geschäftsfall nur eine Seite der Bilanz (Aktiv- oder Passivseite), so steht der Mehrung eines Postens immer eine Minderung eines anderen Postens um den gleichen Betrag gegenüber (Aktiv- bzw. Passivtausch).
3. Berührt der Geschäftsfall beide Seiten der Bilanz, so steht der Aktivmehrung auch eine Passivmehrung, der Aktivminderung auch eine Passivminderung gegenüber (Aktiv-Passiv-Mehrung bzw. Aktiv-Passiv-Minderung).
4. Das Bilanzbild ändert sich durch jeden Geschäftsfall, nicht aber die Bilanzgleichung.
5. Die Bilanzsumme ändert sich in den Fällen einer Aktiv-Passivmehrung und Aktiv-Passivminderung, nicht jedoch in den Fällen eines Aktiv- oder Passivtauschs.

Aufgabe 25

Bestände lt. Inventur	DM		DM
Geschäftsausstattung . .	5 000,—	Forderungen a. LL . .	6 000,—
Waren	10 300,—	Bankguthaben . . .	4 700,—
Kasse	1 000,—	Verbindlichkeiten a. LL .	8 000,—
Darlehnsschulden . . .	4 000,—		

Stellen Sie die Bilanz auf!

Geschäftsfälle	DM
1. Zielkauf von Waren	2 000,—
2. Banküberweisung an einen Lieferer	1 200,—
3. Ein Kunde zahlt durch Banküberweisung	900,—
4. Barkauf einer Schreibmaschine	600,—

Stellen Sie nach jedem Geschäftsfall die neue Bilanz auf!

Aufgabe 26

Nach folgenden Inventurergebnissen und Geschäftsfällen ist jeweils die Bilanz aufzustellen:

Bestände lt. Inventur	DM		DM
Geschäftsausstattung . .	8 400,—	Forderungen a. LL . .	3 000,—
Waren	12 500,—	Bankguthaben	3 400,—
Kasse	1 200,—	Darlehnsschulden . .	3 500,—
Verbindlichkeiten a. LL .	3 800,—		

Geschäftsfälle	DM
1. Verkauf einer gebrauchten Schreibmaschine bar	150,—
2. Ein Kunde zahlt durch Banküberweisung	900,—
3. Wareneinkauf auf Ziel	1 200,—
4. Ausgleich einer Liefererrechnung durch Banküberweisung . . .	1 400,—
5. Tilgung eines Darlehns durch Banküberweisung	500,—

Aufgabe 27

Beantworten Sie zu den Geschäftsfällen folgende Fragen:

1. Welche Posten der Bilanz werden berührt?
2. Handelt es sich um Posten der Aktiv- oder Passivseite der Bilanz?
3. Wie wirkt sich der Geschäftsfall auf die Posten aus?
4. Um welche der vier Bilanzveränderungen handelt es sich?

Geschäftsfälle	DM
1. Wareneinkauf bar	300,—
2. Umwandlung einer Verbindlichkeit in eine Darlehnsschuld . . .	600,—
3. Wareneinkauf auf Ziel	700,—

		DM
4.	Ein Kunde zahlt bar	200,—
5.	Ein Kunde zahlt durch Banküberweisung	450,—
6.	Ausgleich einer Liefererrechnung durch Banküberweisung	760,—
7.	Tilgung eines Darlehns durch Banküberweisung	500,—
8.	Barkauf einer Rechenmaschine	580,—
9.	Barkauf eines PKW	4 800,—
10.	Barverkauf einer gebrauchten Rechenmaschine	120,—

Aufgabe 28

Auf einem Kassenkonto sind folgende Buchungen vorzunehmen (vgl. Beispiel 1 auf S. 19):

		DM
1.	Anfangsbestand	640,—
2.	Zahlung eines Kunden	250,—
3.	Ausgabe für Porto	40,—
4.	Zahlung an einen Lieferer	320,—
5.	Begleichung der Stromrechnung	30,—
6.	Zahlung für Telefongebühren	60,—
7.	Abhebung von der Bank	500,—
8.	Gehaltszahlung	480,—

Das Konto ist abzuschließen. Ermitteln Sie den Schlußbestand!

3.3 Einzelabrechnung der Bilanzposten auf Konten

3.3.1 Aufgliederung der Bilanz in Bestandskonten

Die Buchung aller Geschäftsfälle in einer Bilanz durch Veränderung der Aktiv- und Passivposten ist in der Praxis nicht anwendbar.

Der Buchhalter müßte nach jedem Vorfall die Bilanz ganz neu schreiben, obwohl sich nur zwei Posten verändern. Zeitverlust und schlechte Übersicht wären die Folgen.

Um eine bessere Übersicht über Art, Ursache und Höhe der Veränderungen der Bilanzposten zu erzielen, müssen diese einzeln abgerechnet werden. Die Bilanz wird daher in Konten aufgegliedert. Für jeden Bilanzposten wird ein Konto eingerichtet.

Den Seiten der Bilanz entsprechend werden **Aktiv-** und **Passivkonten** unterschieden. Ihre Seiten tragen die Bezeichnung **„Soll"** (links) und **„Haben"** (rechts). Aus der Bilanz am Anfang eines Abrechnungszeitraumes, der **Eröffnungsbilanz,** übernehmen die Konten den **Anfangsbestand** (AB).

Deshalb werden die Aktiv- und Passivkonten auch als **Bestandskonten** bezeichnet.

Aktiva	Eröffnungsbilanz		Passiva
Geschäftsausstattung	6 000,—	Eigenkapital	15 000,—
Waren	12 500,—	Darlehnsschulden	2 000,—
Kasse	2 500,—	Verbindlichkeiten a. LL	4 000,—
	21 000,—		21 000,—

Aktive Bestandskonten

S	Geschäftsausstattung	H
AB	6 000,—	

S	Waren	H
AB	12 500,—	

S	Kasse	H
AB	2 500,—	

Passive Bestandskonten

S	Eigenkapital	H
	AB	15 000,—

S	Darlehnsschulden	H
	AB	2 000,—

S	Verbindlichkeiten a. LL	H
	AB	4 000,—

Die **Aktivkonten** werden durch Auflösung der Aktiv- oder Vermögensseite der Bilanz gebildet. Bei ihnen wird der Anfangsbestand auf der Sollseite gebucht, weil er in der Bilanz auch auf der linken Seite steht.

Die **Passivkonten** werden durch Auflösung der Passiv- oder Kapitalseite der Bilanz gebildet. Bei ihnen wird der Anfangsbestand auf der Habenseite gebucht, weil er in der Bilanz auch auf der rechten Seite steht.

3.3.2 Buchung der Geschäftsfälle auf den Bestandskonten

Am Anfang des Jahres oder des Rechnungsabschnittes wird die Eröffnungsbilanz in aktive und passive Bestandskonten aufgelöst. Auf jedem Konto wird der Anfangsbestand aus der Bilanz eingetragen. Dadurch können die Geschäftsfälle auf den Konten gebucht werden. Jeder Geschäftsfall ruft Veränderungen auf zwei Konten hervor.

Vor jeder Buchung sind folgende Überlegungen anzustellen:

1. Welche Konten werden berührt?
2. Um welche Kontenart handelt es sich?
3. Wie wirkt sich der Geschäftsfall auf den Bestand der Konten aus?
4. Auf welcher Kontenseite wird gebucht?

Bei Aktivkonten werden Mehrungen auf der Sollseite, Minderungen auf der Habenseite gebucht. Bei Passivkonten ist es umgekehrt: Mehrungen stehen auf der Habenseite, Minderungen auf der Sollseite.

Soll	Aktiv- oder Vermögenskonten Haben
Anfangsbestand Mehrungen	Minderungen

Soll	Passiv- oder Kapitalkonten Haben
Minderungen	Anfangsbestand Mehrungen

Beispiele

① Wareneinkauf bar 500,— DM

Der Warenbestand **vermehrt** sich um 500,— DM
Der Kassenbestand **vermindert** sich um 500,— DM

Buchung

Waren	**Soll**	500,— DM
Kasse	**Haben**	500,— DM

② Umwandlung einer kurzfristigen Verbindlichkeit in eine Darlehnsschuld 1 000,— DM.

Die Verbindlichkeiten a. LL **vermindern** sich um 1 000,— DM
Die Darlehnsschulden **vermehren** sich um 1 000,— DM

Buchung

Verbindlichkeiten a. LL	**Soll**	1 000,— DM
Darlehnsschulden	**Haben**	1 000,— DM

③ Wareneinkauf auf Ziel 800,— DM

Der Warenbestand **vermehrt** sich um 800,— DM
Die Verbindlichkeiten a. LL **vermehren** sich auch um 800,— DM

Buchung

Waren	**Soll**	800,— DM
Verbindlichkeiten a. LL	**Haben**	800,— DM

④ Ausgleich einer Liefererrechnung bar 700,— DM

Die Verbindlichkeiten a. LL **vermindern** sich um 700,— DM
Der Kassenbestand **vermindert** sich um 700,— DM

Buchung

Verbindlichkeiten a. LL	**Soll**	700,— DM
Kasse	**Haben**	700,— DM

Aktiva	Eröffnungsbilanz		Passiva
Geschäftsausstattung	6 000,—	Eigenkapital	15 000,—
Waren	12 500,—	Darlehnsschulden	2 000,—
Kasse	2 500,—	Verbindlichkeiten a. LL	4 000,—
	21 000,—		21 000,—

S	Geschäftsausstattung		H
AB	6 000,—		

S	Eigenkapital		H
		AB	15 000,—

S	Waren		H
AB	12 500,—		
(1) +	500,—		
(3) +	800,—		

S	Darlehnsschulden		H
		AB	2 000,—
		(2) +	1 000,—

S	Kasse		H
AB	2 500,—	(1)—	500,—
		(4)—	700,—

S	Verbindlichkeiten a. LL		H
(2)—	1 000,—	AB	4 000,—
(4)—	700,—	(3) +	800,—

1. Jeder **Geschäftsfall** ruft **Veränderungen auf zwei Konten** hervor. Bei dem einen Konto wird im **Soll,** bei dem anderen im **Haben** gebucht.
2. **Mehrungen** stehen **immer unter dem Anfangsbestand, Minderungen** stets auf der **Gegenseite.**

Aufgaben 29 und 30

Stellen Sie die Eröffnungsbilanz auf und buchen Sie die angegebenen Geschäftsfälle auf den entsprechenden Konten! Beachten Sie die Überlegungen auf der Seite 29 ff.

Aufgabe 29

Anfangsbestände	DM		DM
Geschäftsausstattung . .	9 000,—	Eigenkapital	?
Waren	27 500,—	Darlehnsschulden . .	12 000,—
Forderungen a. LL . .	6 400,—	Verbindlichkeiten a. LL .	7 000,—
Bankguthaben . . .	5 200,—		
Kasse	1 840,—		

Geschäftsfälle	DM
1. Wareneinkauf auf Ziel	1 300,—
2. Ein Kunde zahlt durch Banküberweisung	750,—
3. Barkauf einer Schreibmaschine	680,—
4. Ausgleich einer Liefererrechnung durch Banküberweisung . . .	1 320,—
5. Rückzahlung eines Darlehns durch Banküberweisung	1 000,—

Aufgabe 30

Anfangsbestände	DM		DM
Haus und Grundstücke	60 000,—	Postgiro	4 800,—
Fuhrpark	22 000,—	Kasse	2 400,—
Geschäftsausstattung	12 500,—	Eigenkapital	?
Waren	90 000,—	Darlehnsschulden	40 000,—
Forderungen a. LL	15 000,—	Verbindlichkeiten a. LL.	18 000,—
Bankguthaben	9 000,—		

Geschäftsfälle	DM
1. Ausgleich einer Liefererrechnung durch Banküberweisung	2 500,—
2. Wareneinkauf auf Ziel	1 600,—
3. Ein Kunde überweist auf das Postgirokonto	1 200,—
4. Bareinkauf einer Buchungsmaschine	2 300,—
5. Barabhebung vom Bankkonto	2 000,—
6. Ein Kunde überweist auf das Bankkonto	1 950,—
7. Barverkauf einer gebrauchten Rechenmaschine	190,—
8. Wareneinkauf bar	670,—
9. Teilrückzahlung des Darlehns durch Banküberweisung	4 000,—
10. Ausgleich einer Liefererrechnung durch Postüberweisung	1 550,—

Aufgabe 31

Erläutern Sie zu folgenden Buchungen den Geschäftsvorgang:

1. Bank	Soll 600,— DM	5. Geschäftsausst.	Soll 900,— DM
Ford. a. LL	Haben 600,— DM	Kasse	Haben 900,— DM
2. Waren	Soll 900,— DM	6. Verbindl. a. LL	Soll 750,— DM
Verbindl. a. LL	Haben 900,— DM	Bank	Haben 750,— DM
3. Kasse	Soll 1 500,— DM	7. Kasse	Soll 450,— DM
Bank	Haben 1 500,— DM	Ford. a. LL	Haben 450,— DM
4. Darl.schuld.	Soll 2 000,— DM	8. Bank	Soll 1 200,— DM
Postgiro	Haben 2 000,— DM	Kasse	Haben 1 200,— DM

Aufgabe 32

Buchen Sie folgende Geschäftsfälle, indem Sie

a) zu jedem Geschäftsfall die entsprechenden Konten einrichten,

b) auf dem ersten Konto die Soll-Buchung, auf dem zweiten Konto die Habenbuchung vornehmen. Beachten Sie dabei die Überlegungen S. 30!

1. Wareneinkauf bar	800,—
2. Banküberweisung eines Kunden	430,—
3. Postüberweisung an einen Lieferer	1 940,—
4. Bareinzahlung auf das Bankkonto	1 200,—
5. Kauf einer Registrierkasse gegen Bankscheck	3 600,—
6. Wareneinkauf auf Ziel	1 500,—

7. Rückzahlung eines Darlehens durch Banküberweisung . . . . 3 000,—
8. Postüberweisung eines Kunden . . . . 640,—
9. Verkauf eines gebrauchten PKW's bar . . . . 1 500,—
10. Barabhebung vom Bankkonto . . . . 2 000,—

3.3.3 Vom Beleg zum Buchungssatz

Den einzelnen Buchungen müssen entsprechende Belege zugrunde liegen. Nur mit Hilfe der Belege kann die Ordnungsmäßigkeit der Buchführung bewiesen werden (siehe auch S. 103 ff.).

3.3.3.1 Der einfache Buchungssatz

Nach dem Ordnen werden die Belege **vorkontiert.**

Der Buchhalter erteilt mit Hilfe eines **Buchungsstempels** auf den Belegen Anweisungen, wie die Geschäftsfälle zu buchen sind. Für diese Anweisungen hat sich eine feste Form herausgeprägt, der **Buchungssatz.**

Der Buchungssatz ist die kürzeste Form des Geschäftsfalles, der dem Beleg zugrunde liegt. Er gibt die Konten an, auf denen gebucht werden muß. Er gibt zuerst das Konto an, bei dem im Soll, dann das Konto, bei dem im Haben gebucht wird.

Sollbuchung = Lastschrift	**vor**	Habenbuchung = Gutschrift

Beispiel

Banküberweisung an Holzmühle AG zum Ausgleich der ER 200 über 8 640,— DM.

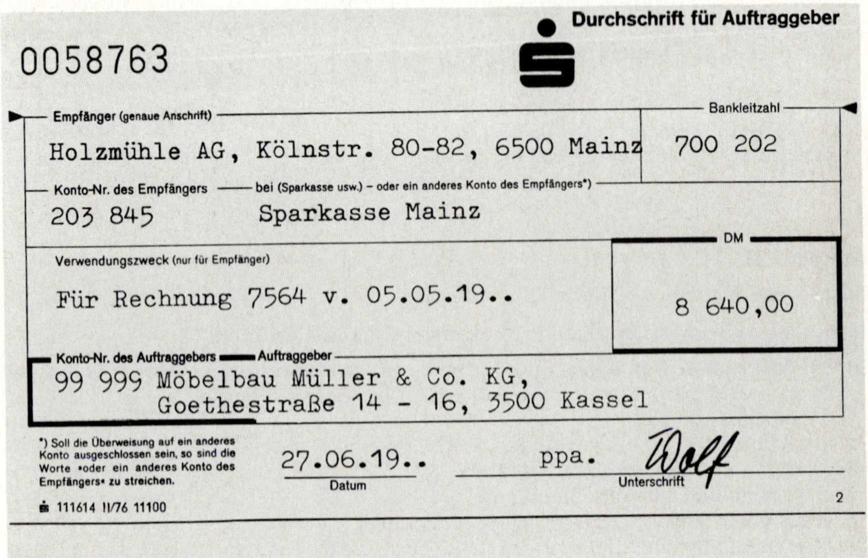
Durchschrift für Auftraggeber

0058763

Empfänger (genaue Anschrift): Holzmühle AG, Kölnstr. 80-82, 6500 Mainz

Bankleitzahl: 700 202

Konto-Nr. des Empfängers: 203 845

bei (Sparkasse usw.) – oder ein anderes Konto des Empfängers*): Sparkasse Mainz

Verwendungszweck (nur für Empfänger): Für Rechnung 7564 v. 05.05.19..

DM: 8 640,00

Konto-Nr. des Auftraggebers / Auftraggeber: 99 999 Möbelbau Müller & Co. KG, Goethestraße 14 - 16, 3500 Kassel

*) Soll die Überweisung auf ein anderes Konto ausgeschlossen sein, so sind die Worte »oder ein anderes Konto des Empfängers« zu streichen.

Datum: 27.06.19..

Unterschrift: ppa. Wolf

111614 II/76 11100

2

Buchung

Konto Verbindlichkeiten a. LL	Soll	8 640,— DM
Konto Bank	Haben	8 640,— DM

Im Buchungssatz werden diese beiden Konten angerufen: Beide Kontenbenennungen werden durch das Wort **„an"** verbunden:

Verbindlichkeiten a. LL		8 640,— DM	
	an Bank		8 640,— DM

Der Buchungssatz wird im Buchungsstempel auf dem Beleg eingetragen (= **Vorkontierung**):

Buchungsvermerk ▶

Konto	Soll	Haben
Verbindlichkeiten a. LL.	8640,00	
Bank		8640,00
Gebucht: 28.6.19.. Ho. Grundb. S. 25/3-4		

Der Buchungsvermerk wird erst nach der Buchung im Grundbuch (siehe S. 36 f.) eingetragen. Im Buchungsvermerk können neben dem Datum der Buchung das Zeichen des Buchhalters, Art und Seite des Buches aufgenommen werden.

> Der Buchungsvermerk ist der Beweis, daß die Buchung ausgeführt worden ist.
>
> Der Vermerk schließt Doppelbuchungen aus und zeigt zugleich an, wo der Beleg gebucht wurde.

3.3.3.2 Der zusammengesetzte Buchungssatz

Beim einfachen Buchungssatz ruft der zugrundeliegende Geschäftsfall nur auf zwei Konten Wertveränderungen hervor.

Durch Geschäftsfälle können aber mehr als zwei Konten berührt werden. Dann entstehen zusammengesetzte Buchungssätze.

Beispiel

	DM
Ausgleich einer Liefererrechnung über	1 500,—
durch Banküberweisung	1 100,—
und Postüberweisung	400,—

Buchungssatz	Soll	Haben
		DM
Verbindlichkeiten a. LL	1 500,—	
an Bank		1 100,—
an Postgiro		400,—

Lastschrift (= Sollbuchung) auf dem Konto Verbindlichkeiten a. LL	=	**Gutschriften** (= Habenbuchung) auf den Konten Bank und Postgiro

1. Der Buchungssatz ruft die Konten an, die durch einen Geschäftsfall berührt werden.
2. Zuerst werden die Konten angerufen, auf denen im Soll, dann die Konten, auf denen im Haben gebucht wird.

Nach der Buchung werden die Belege abgelegt und aufbewahrt.

Häufig müssen Belege für Prüfungen und Vergleiche aus der Registratur hervorgeholt werden. Eine Ordnung nach Belegart und -nummer schließt zeitraubendes Suchen aus.

1. Jeder Buchung muß ein Beleg zugrunde liegen.
2. Die **Aufbewahrungsfrist der Belege** beträgt **6 Jahre,** vom Ende des Kalenderjahres (31.12.) gerechnet (§ 147 AO, § 257 HGB).

3.3.3.3 Die Buchungen im Grund- und Hauptbuch

Sind die Belege vorkontiert, kann gebucht werden.

Nach der Ordnung der Buchungen sind **Grundbuch** und **Hauptbuch** zu unterscheiden.

3.3.3.3.1 Das Grundbuch

Im **Grundbuch,** auch **Journal, Memorial** oder **Prima nota** genannt, werden die Buchungssätze in zeitlicher Reihenfolge festgehalten.

Daneben werden zur besseren Kontrolle Eingangs- bzw. Ausstellungsdatum des Beleges, Buchungsdatum und Buchungstext u. a. festgehalten.

Grundbuch				
Datum	Beleg	Buchungstext	Soll	Haben
15.04.19..	BUE 187	VERBINDLICHKEITEN A. LL. AN BANK	8 640,00	8 640,00

Da in diesem Buch alle Geschäftsfälle fortlaufend und lückenlos gebucht werden, bildet es die **Grundlage bei Prüfungen durch die Behörden.** Gleichzeitig liefert das Grundbuch alle Unterlagen für die Buchung der Geschäftsfälle auf den Konten.

Im Grundbuch werden alle Geschäftsfälle in Form von Buchungssätzen in zeitlicher Reihenfolge (chronologisch) eingetragen.

3.3.3.3.2 Das Hauptbuch

Die chronologische Aufzeichnung im Grundbuch vermittelt dem Unternehmer allerdings keinen Überblick über die Veränderungen der einzelnen Vermögens- und Kapitalposten. Daher werden alle Geschäftsfälle auf den Konten (Sachkonten) gebucht. **Die Konten befinden sich im Hauptbuch.**

Eintragung im Hauptbuch:

Hauptbuch

S	BANK		H
AB	28 000,00	VERBINDL.	8 640,00

S	VERBINDLICHKEITEN A. LL.		H
BANK	8 640,00	AB	34 500,00

Die Eintragung des Gegenkontos läßt auf den zugrundeliegenden Geschäftsfall und damit auf die Ursache der Änderung schließen.

Auf dem Konto „Bank" geht durch die Angabe des Gegenkontos „Verbindlichkeiten a. LL" hervor, daß Warenschulden beglichen worden sind. Das Konto „Verbindlichkeiten a. LL" zeigt durch die Gegenbuchung Bank, daß die Verbindlichkeit über Bank beglichen wurde.

Die Angabe der Belegnummer oder des Datums vor der Gegenbuchung ermöglicht ein schnelles Wiederfinden des Beleges, der der Buchung zugrunde liegt.

Im Hauptbuch werden alle Geschäftsfälle nach sachlichen Gesichtspunkten auf die einzelnen Konten verteilt.

Die Ursache jeder Buchung wird durch die Angabe des Gegenkontos und der Belegnummer zum Ausdruck gebracht.

An die Stelle **gebundener Bücher** können **Loseblattsammlungen** in Form ausgedruckter oder auf Datenträgern (Magnetbänder und -platten) gespeicherte Journale und Konten treten (§ 239 HGB).

Aufgabe 33

Tragen Sie folgende Geschäftsfälle ins Grundbuch (siehe S. 37) ein und bilden Sie die Buchungssätze:

	DM
1. Wareneinkauf bar	300,—
2. Barabhebung vom Bankkonto	600,—
3. Ein Kunde begleicht eine Rechnung durch Banküberweisung	350,—
4. Kauf einer Schreibmaschine bar	760,—
5. Wareneinkauf auf Ziel	830,—
6. Tilgung einer Darlehnsschuld durch Postüberweisung	900,—
7. Ausgleich einer Liefererrechnung durch Banküberweisung	850,—
8. Wareneinkauf gegen Bankscheck	560,—
9. Aufnahme eines Darlehens bar	1 500,—
10. Zahlung an einen Lieferer durch Postüberweisung	950,—
11. Einzahlung auf unser Bankkonto	800,—
12. Verkauf eines gebrauchten PKW bar	450,—
13. Kauf eines Baugrundstücks gegen Bankscheck	5 500,—

Aufgabe 34

Welche Geschäftsfälle liegen folgenden Buchungssätzen zugrunde?

1. Waren an Verbindlichkeiten a. LL
2. Forderungen a. LL an Waren
3. Bank an Forderungen a. LL
4. Verbindlichkeiten a. LL an Bank
5. Darlehen an Postgiro
6. Bank an Kasse
7. Postgiro an Forderungen a. LL
8. Geschäftsausstattung an Kasse
9. Bank an Unbebaute Grundstücke
10. Kassen an Darlehen

Aufgabe 35

Bilden Sie die Geschäftsfälle zu den Buchungen im folgenden Kassenkonto.

Soll		Kasse	Haben
AB	2 000,—	(1) Darlehen	500,—
(3) Forderungen a. LL	250,—	(2) Verbindlichkeiten a. LL	300,—
(5) Waren	310,—	(4) Waren	270,—
(6) Betriebs- und Geschäftsausstattung	1 160,—	(7) Bank	1 000,—
		SB	1 650,—
	3 720,—		3 720,—

Aufgabe 36

Bilden Sie die Buchungssätze zu folgenden Geschäftsfällen:

1.	Wareneinkauf	DM
	bar	500,—
	gegen Bankscheck	1 000,—
	gegen Postscheck	1 200,—
	auf Ziel	3 000,—
2.	Kunden gleichen Rechnungen aus	
	durch Postüberweisung	740,—
	durch Banküberweisung	820,—
3.	Ausgleich von Liefererrechnungen	
	durch Banküberweisung	1 900,—
	durch Postüberweisung	1 300,—
4.	Kauf eines Kombiwagens für das Geschäft	
	gegen Bankscheck	14 400,—
	gegen bar	3 740,—
5.	Tilgung eines Darlehens	
	durch Banküberweisung	2 000,—
	durch Postüberweisung	1 000,—
6.	Verkauf einer gebrauchten Kühltheke	
	gegen Barzahlung	200,—
	gegen Bankscheck	500,—
	auf Ziel	1 300,—
7.	Kunden zahlen zum Ausgleich von Rechnungen	
	bar	950,—
	mit Bankscheck	1 150,—
8.	Kauf von Regalen für das Geschäft	
	gegen Barzahlung	1 200,—
	gegen Postscheck	3 800,—

Aufgabe 37

Tragen Sie folgende Geschäftsfälle mit Buchungssätzen ins Grundbuch ein:

1.	Einkauf von Waren	DM	DM
	bar	200,—	
	auf Ziel	750,—	950,—
2.	Ausgleich einer Liefererrechnung		
	bar	180,—	
	durch Banküberweisung	760,—	
	durch Postüberweisung	260,—	1 200,—
3.	Rechnungsausgleich des Kunden		
	bar	80,—	
	durch Banküberweisung	360,—	
	durch Postüberweisung	340,—	780,—

		DM	DM
4. Einkauf einer Schreibmaschine			
	bar	250,—	
	gegen Bankscheck	430,—	680,—
5. Tilgung einer Darlehnsschuld			
	durch Banküberweisung	800,—	
	durch Postüberweisung	200,—	1 000,—

Aufgabe 38

Bilden Sie zu folgenden Buchungssätzen den Buchungstext und tragen Sie diesen ins Grundbuch ein:

	Soll DM	Haben DM
1. Darlehen	2 000,—	
an Bank		1 500,—
an Postgiro		500,—
2. Kasse	200,—	
Bank	500,—	
Postgiro	400,—	
an Forderungen a. LL		1 100,—
3. Waren	1 350,—	
an Verbindlichkeiten a. LL		500,—
an Bank		850,—
4. Verbindlichkeiten a. LL	1 280,—	
an Bank		900,—
an Postgiro		380,—
5. Geschäftsausstattung	800,—	
an Kasse		300,—
an Bank		500,—
6. Waren	2 400,—	
an Kasse		250,—
an Bank		400,—
an Postgiro		300,—
an Verbindlichkeiten a. LL		1 450,—

3.3.4 Von der Eröffnungs- zur Schlußbilanz

Am Ende des Geschäftsjahres möchte der Kaufmann wissen:

1. Wie groß ist der Bestand auf den einzelnen Konten?
   Beispiel: Wie groß sind die Verbindlichkeiten a. WL am 31. Dezember?
2. Wie groß ist sein gesamtes Vermögen (= Anlage- + Umlaufvermögen), bzw. Kapital (= Eigen- + Fremdkapital)?
3. Wodurch wurden die Veränderungen gegenüber der Eröffnungsbilanz hervorgerufen?

Diese Fragen löst er, indem er die Konten abschließt, d. h. den **Saldo** = **Schlußbestand** (SB) auf jedem Konto errechnet.

> Die Schlußbestände (SB) werden folgendermaßen errechnet:
>
> Anfangsbestand
> \+ Mehrungen
> − Minderungen
> = Schlußbestand (Saldo)

Die so errechneten Schlußbestände müssen mit den durch Inventur ermittelten Beständen der Bilanz am Ende des Jahres (= Schlußbilanz) übereinstimmen.

Eröffnungsbilanz

Aktiva		Passiva	
Geschäftsausstattung	6 000,—	Eigenkapital	15 000,—
Waren	12 500,—	Darlehnsschulden	2 000,—
Kasse	2 500,—	Verbindlichkeiten a. LL	4 000,—
	21 000,—		21 000,—

Geschäftsausstattung

S		H	
AB	6 000,—	SB	6 000,—

Eigenkapital

S		H	
SB	15 000,—	AB	15 000,—

Waren

S		H	
AB	12 500,—	SB	13 800,—
(1) Kasse	500,—		
(3) Verbindlichkeiten a. LL	800,—		
	13 800,—		13 800,—

Darlehnsschulden

S		H	
SB	3 000,—	AB	2 000,—
		(2) Verbindlichkeiten a. LL	1 000,—
	3 000,—		3 000,—

Kasse

S		H	
AB	2 500,—	(1) Waren	500,—
		(4) Verbindlichkeiten a. LL	700,—
		SB	1 300,—
	2 500,—		2 500,—

Verbindlichkeiten a. LL

S		H	
(2) Darlehen	1 000,—	AB	4 000,—
(4) Kasse	700,—	(3) Waren	800,—
SB	3 100,—		
	4 800,—		4 800,—

Schlußbilanz

Aktiva		Passiva	
Geschäftsausstattung	6 000,—	Eigenkapital	15 000,—
Waren	13 800,—	Darlehnsschulden	3 000,—
Kasse	1 300,—	Verbindlichkeiten a. LL	3 100,—
	21 100,—		21 100,—

1. Der Schlußbestand wird immer auf der wertmäßig kleineren Seite des Kontos eingetragen. Dadurch weisen die beiden Seiten jedes Kontos am Ende des Rechnungszeitraumes die gleiche Summe aus (Waage, ähnlich der Bilanz).
2. Die Summen der Aktiv- und Passivseite der Schlußbilanz müssen gleich sein, da bei jedem Geschäftsfall der gleiche Betrag im Soll und im Haben gebucht wurde.

Aufgaben 39—41

Lösungsweg von der Eröffnungs- zur Schlußbilanz:

1. Aufstellung der Eröffnungsbilanz
2. Auflösung der Bilanz in Konten
3. Übertragung der Anfangsbestände aus der Bilanz auf die Konten
4. Buchung der Geschäftsfälle im Grundbuch und im Hauptbuch
5. Abschluß der Konten und Aufstellung der Schlußbilanz

Aufgabe 39

Anfangsbestände	DM		DM
Betriebs- und Geschäftsausstattung	6 000,—	Kasse	800,—
Waren	11 000,—	Eigenkapital	?
Forderungen a. LL	5 000,—	Darlehnsschulden	2 600,—
Bankguthaben	1 200,—	Verbindlichkeiten a. LL	5 400,—

Geschäftsfälle	DM
1. Wareneinkauf auf Ziel	840,—
2. Kunden überweisen auf unser Bankkonto	1 350,—
3. Barabhebung vom Bankkonto	400,—
4. Barverkauf einer gebrauchten Schreibmaschine	180,—
5. Barkauf einer elektrischen Schreibmaschine	680,—
6. Rückzahlung einer Darlehnsrate durch Banküberweisung	600,—
7. Ausgleich einer Liefererrechnung durch Banküberweisung	1 040,—
8. Kunden überweisen auf unser Bankkonto	1 650,—
9. Ausgleich einer Liefererrechnung durch Banküberweisung	1 200,—

Aufgabe 40

Anfangsbestände	DM		DM
Betriebs- und Geschäftsausstattung	11 000,—	Kasse	1 000,—
Waren	20 000,—	Eigenkapital	?
Forderungen a. LL	6 500,—	Darlehnsschulden	12 400,—
Bankguthaben	5 500,—	Verbindlichkeiten a. LL	7 600,—

Geschäftsfälle

		DM
1.	Wareneinkauf auf Ziel	400,—
2.	Ein Kunde überweist auf unser Bankkonto	650,—
3.	Ausgleich einer Liefererrechnung durch Banküberweisung	1 740,—
4.	Tilgung eines Darlehns durch Banküberweisung	2 600,—
5.	Barverkauf einer gebrauchten Schreibmaschine	180,—
6.	Ein Kunde bezahlt bar	400,—
7.	Ein Kunde überweist auf unser Bankkonto	850,—
8.	Wareneinkauf gegen Bankscheck	535,—
9.	Barkauf einer elektrischen Schreibmaschine	1 180,—
10.	Eröffnung eines Postgirokontos durch Bareinzahlung	25,—
11.	Ein Kunde überweist auf unser Postgirokonto	800,—

Aufgabe 41

Anfangsbestände

	DM		DM
Betriebs- und Geschäftsausstattung	17 500,—	Kasse	1 403,80
Waren	39 365,—	Eigenkapital	?
Forderungen a. LL	8 420,80	Darlehnsschulden	15 344,50
Bankguthaben	3 310,40	Verbindlichkeiten a. LL	12 655,50

Geschäftsfälle

		DM
1.	Ein Kunde überweist auf unser Bankkonto	860,70
2.	Ausgleich einer Liefererrechnung durch Banküberweisung	936,60
3.	Wareneinkauf auf Ziel	1 476,60
4.	Wareneinkauf bar	535,75
5.	Aufnahme eines Darlehns, das auf dem Bankkonto gutgeschrieben wird	2 500,—
6.	Eröffnung eines Postgirokontos durch Bareinzahlung	105,—
7.	Kauf einer Buchungsmaschine gegen Bankscheck	2 500,—
8.	Ein Kunde überweist auf unser Postgirokonto	745,25
9.	Wareneinkauf auf Ziel	1 960,—
10.	Ein Kunde überweist auf unser Bankkonto	784,90

Aufgabe 42

Auswertung der Aufgaben 39—41

Vergleichen Sie die Posten in der Eröffnungs- und Schlußbilanz!

1. Welche Posten sind besonders stark verändert worden?
2. Worauf sind diese Änderungen zurückzuführen? Prüfen Sie anhand der Konten!
3. Errechnen Sie:
   a) das Verhältnis Eigenkapital : Fremdkapital (Schulden)
   b) das Verhältnis Anlagevermögen : Umlaufvermögen
   in der Eröffnungs- und Schlußbilanz! Welche Änderungen stellen Sie fest?

Aufgaben 43 und 44

Anfangsbestände	DM		DM
Fuhrpark	60 000,—	Eigenkapital	?
Betriebs- und Geschäftsausstattung . .	24 500,—	Darlehnsschulden	35 000,—
Waren	75 000,—	Verbindlichkeiten a. LL .	13 750,—
Forderungen a. LL . .	10 600,—		
Bankguthaben . . .	4 800,—		
Postgiro	2 550,—		
Kasse	1 240,—		

Geschäftsfälle	43 DM	44 DM
1. Wareneinkauf auf Ziel	1 300,—	1 600,—
2. Ein Kunde überweist auf unser Bankkonto . . .	745,—	813,—
3. Verkauf einer gebrauchten Buchungsmaschine bar .	856,—	950,—
4. Rückzahlung einer Darlehnsrate durch Banküberweisung	1 000,—	2 000,—
5. Ausgleich einer Liefererrechnung durch Postüberweisung	855,—	940,—
6. Wareneinkauf bar	450,—	560,—
7. Einkauf einer Rechenmaschine bar	680,—	790,—
8. Ein Kunde begleicht eine Rechnung durch Postüberweisung	535,—	675,—
9. Einkauf von Waren gegen Bankscheck	745,—	960,—
10. Wareneinkauf auf Ziel	930,—	1 110,—
11. Ausgleich einer Liefererrechnung durch Banküberweisung	580,—	630,—
12. Ein Kunde überweist auf unser Bankkonto . . .	650,—	875,—

Aufgabe 45

1. Nach welchen Gesichtspunkten werden die Posten in der Bilanz geordnet?
   a) Aktivseite
   b) Passivseite
2. Stellen Sie folgende Begriffe gegenüber:
   a) Anlage- und Umlaufvermögen
   b) Eigen- und Fremdkapital
3. Was sagt Ihnen das Verhältnis Eigenkapital : Fremdkapital?

4. Warum muß ein Kaufmann immer über flüssige Mittel verfügen?
5. Wie kann der Bestand an flüssigen Mitteln vergrößert werden?
6. Was ist ein Konto?
7. Warum wird die Bilanz in Konten aufgelöst?
8. Warum müssen die beiden Seiten der Schlußbilanz übereinstimmen?

3.3.5 Das Eröffnungsbilanzkonto und das Schlußbilanzkonto

3.3.5.1 Die Bilanz

Die Bilanz ist eine Aufstellung des Vermögens (Aktivseite) und des Kapitals (Passivseite) in Kontenform.

Sie muß bei Beginn eines Handelsgewerbes und am Ende eines Geschäftsjahres aufgestellt werden (§ 242 HGB). Grundlage für die Aufstellung der Bilanz ist das Inventar. Inventar und Bilanz werden ins **Vermögens- und Bilanzbuch** eingetragen. Die dort im einzelnen aufgezeichneten Vermögens- und Kapitalbestände (Istbestände) wurden durch Inventur festgestellt.

3.3.5.2 Eröffnungsbilanz und Eröffnungsbilanzkonto

Die Bilanz am Ende eines Jahres ist gleich der Eröffnungsbilanz des neuen Geschäftsjahres (Grundsatz der Bilanzgleichheit, Bilanzidentität; § 252 HGB). Sie steht wie das Inventar im Inventar- und Bilanzbuch.

Um die Geschäftsfälle des neuen Jahres zu buchen, wird die Eröffnungsbilanz in Konten aufgelöst.

Die Anfangsbestände wurden bisher in folgender Weise vorgetragen:

von der Aktivseite der Eröffnungsbilanz auf die Sollseite der Aktivkonten,

von der Passivseite der Eröffnungsbilanz auf die Habenseite der Passivkonten (s. S. 30).

Die Anfangsbestände wurden also in den Konten auf der gleichen Seite eingetragen, wie sie in der Bilanz stehen.

Der Grundsatz der doppelten Buchführung wird dadurch durchbrochen. Dieser verlangt, daß jeder Buchung im Soll eine Buchung im Haben entspricht.

Soll ständig nach diesem Grundsatz verfahren werden, muß das **Eröffnungsbilanzkonto (EBK)** im Hauptbuch eingerichtet werden. Es ist das Spiegelbild der Eröffnungsbilanz (s. S. 47).

Das EBK nimmt bei der Übertragung der Anfangsbestände auf die Konten die Gegenbuchung auf.

Buchungssätze bei der Eröffnung

Aktivkonten	an EBK
EBK	an Passivkonten

1. Das Eröffnungsbilanzkonto ist ein Hilfskonto zur Übertragung der Anfangsbestände auf die einzelnen Konten.
2. Es ist das Gegenkonto für die Eröffnungsbuchungen in den Bestandskonten.
3. Seine Einrichtung ist nicht vorgeschrieben.

3.3.5.3 Schlußbilanz und Schlußbilanzkonto

Am Ende des Jahres werden die Konten abgeschlossen. Der Endbestand wird errechnet und auf der kleineren Seite eines jeden Kontos zum Ausgleich eingetragen. Die Gegenbuchung wird vom **Schlußbilanzkonto (SBK)** aufgenommen.

Buchungssätze beim Abschluß

SBK	an Aktivkonten
Passivkonten	an SBK

Vorgeschrieben ist die Aufstellung der Bilanz aus dem Inventarverzeichnis (Schlußbilanz). Die durch Inventur ermittelten Bestände (Istbestände) sollen mit den auf den Konten errechneten Beständen (Sollbestände) übereinstimmen.

Das Schlußbilanzkonto ist damit eine Kontrolle der Schlußbilanz.

1. Das Schlußbilanzkonto ist ein Hilfskonto zur Sammlung der Endbestände von den einzelnen Konten.
2. Es ist das Gegenkonto für die Abschlußbuchungen in den Konten.
3. Seine Einrichtung ist nicht vorgeschrieben.

Beispiel

Grundbuch mit Eröffnungs- und Abschlußbuchungen

Grundbuch			
Datum	Buchungstext	Soll	Haben
Dez.	**A. Eröffnungsbuchungen**		
1.	Geschäftsausstattung	6 000,—	
	Waren	12 500,—	
	Kasse	2 500,—	
	an EBK		21 000,—
	EBK	21 000,—	
	an Eigenkapital		15 000,—
	an Darlehensschulden		2 000,—
	an Verbindlichkeiten		4 000,—
	B. Laufende Buchungen		
1.	Waren	500,—	
	an Kasse		500,—
2.	Verbindlichkeiten	1 000,—	
	an Darlehensschulden		1 000,—
3.	Waren	800,—	
	an Verbindlichkeiten		800,—
4.	Verbindlichkeiten	700,—	
	an Kasse		700,—
31.	**C. Abschlußbuchungen**		
	SBK	21 100,—	
	an Geschäftsausstattung		6 000,—
	an Waren		13 800,—
	an Kasse		1 300,—
	Eigenkapital	15 000,—	
	Darlehensschulden	3 000,—	
	Verbindlichkeiten	3 100,—	
	an SBK		21 100,—

Darstellung des Buchungsablaufs von der Eröffnung bis zum Abschluß

Inventar- und Bilanzbuch

Inventar

Aktiva — Bilanz = Eröffnungsbilanz — Passiva

Aktiva		Passiva	
Geschäftsausstattung	6 000,—	Eigenkapital	15 000,—
Waren	12 500,—	Darlehnsschulden	2 000,—
Kasse	2 500,—	Verbindlichkeiten a. LL	4 000,—
	21 000,—		21 000,—

Hauptbuch

S — Eröffnungsbilanzkonto — H

S		H	
Eigenkapital	15 000,—	Geschäftsausstattung	6 000,—
Darlehnsschulden	2 000,—	Waren	12 500,—
Verbindlichkeiten a. LL	4 000,—	Kasse	2 500,—
	21 000,—		21 000,—

S — Geschäftsausstattung — H

S		H	
EBK	6 000,—	SBK	6 000,—

S — Eigenkapital — H

S		H	
SBK	15 000,—	EBK	15 000,—

S — Waren — H

S		H	
EBK	12 500,—	SBK	13 800,—
(1) Kasse	500,—		
(3) Verbindlichkeiten a. LL	800,—		
	13 800,—		13 800,—

S — Darlehnsschulden — H

S		H	
SBK	3 000,—	EBK	2 000,—
		(2) Verbindlichkeiten a. LL	1 000,—
	3 000,—		3 000,—

S — Kasse — H

S		H	
EBK	2 500,—	(1) Waren	500,—
		(4) Verbindlichkeiten a. LL	700,—
		SBK	1 300,—
	2 500,—		2 500,—

S — Verbindlichkeiten a. LL — H

S		H	
(2) Darlehnsschulden	1 000,—	EBK	4 000,—
(4) Kasse	700,—	(3) Waren	800,—
SBK	3 100,—		
	4 800,—		4 800,—

S — Schlußbilanzkonto — H

S		H	
Geschäftsausstattung	6 000,—	Eigenkapital	15 000,—
Waren	13 800,—	Darlehnsschulden	3 000,—
Kasse	1 300,—	Verbindlichkeiten a. LL	3 100,—
	21 100,—		21 100,—

Inventar- und Bilanzbuch

Inventar

Aktiva — Bilanz = Schlußbilanz — Passiva

Aktiva		Passiva	
Geschäftsausstattung	6 000,—	Eigenkapital	15 000,—
Waren	13 800,—	Darlehnsschulden	3 000,—
Kasse	1 300,—	Verbindlichkeiten a. LL	3 100,—
	21 100,—		21 100,—

Aufgaben 46–50

1. Stellen Sie die Eröffnungsbilanz auf!
2. Tragen Sie die Eröffnungsbuchungen und Geschäftsfälle mit Buchungssätzen im Grundbuch ein!
3. Buchen Sie die Geschäftsfälle auf die Konten im Hauptbuch!
4. Schließen Sie die Konten über das Schlußbilanzkonto ab! Die Abschlußbuchungen sind auch im Grundbuch einzutragen.
5. Stellen Sie die Schlußbilanz auf! Die Bestände im SBK stimmen mit den Beständen laut Inventur überein.

Aufgaben 46 und 47

Anfangsbestände	**46** DM	**47** DM
Betriebs- und Geschäftsausstattung	10 000,—	15 000,—
Waren	15 000,—	24 000,—
Forderungen a. LL	3 000,—	6 000,—
Bankguthaben	2 500,—	4 000,—
Kasse	1 000,—	1 600,—
Eigenkapital	?	?
Darlehnsschulden	4 000,—	7 000,—
Verbindlichkeiten a. LL	3 500,—	8 000,—

Geschäftsfälle	DM	DM
1. Wareneinkauf auf Ziel	900,—	1 400,—
2. Kauf einer Schreibmaschine bar	680,—	760,—
3. Ein Kunde begleicht eine Rechnung durch Banküberweisung	540,—	840,—
4. Ausgleich einer Liefererrechnung durch Banküberweisung	775,—	915,—
5. Ein Kunde zahlt bar	630,—	520,—
6. Tilgung eines Darlehens durch Banküberweisung	500,—	1 000,—

Aufgabe 48

Anfangsbestände	DM
Betriebs- und Geschäftsausstattung	30 000,—
Waren	55 000,—
Forderungen a. LL	25 000,—
Bankguthaben	17 000,—
Postgiro	7 000,—
Kasse	3 000,—
Eigenkapital	?
Darlehensschulden	15 000,—
Verbindlichkeiten a. LL	25 000,—

Geschäftsfälle	DM
1. Wareneinkauf auf Ziel	1 800,—
2. Ein Kunde überweist auf Bankkonto	1 250,—
3. Rückzahlung einer Darlehensrate durch Postüberweisung	1 500,—
4. Ausgleich einer Liefererrechnung durch Banküberweisung	3 100,—
5. Wareneinkauf bar	700,—
6. Barverkauf einer gebrauchten Schreibmaschine	200,—

Aufgaben 49 und 50

Anfangsbestände	49 DM	50 DM
Betriebs- und Geschäftsausstattung	28 000,—	37 000,—
Waren	67 000,—	92 000,—
Forderungen a. LL	26 000,—	35 000,—
Postgiro	19 000,—	27 000,—
Kasse	5 400,—	6 300,—
Eigenkapital	?	?
Darlehensschulden	20 000,—	30 000,—
Bankschulden	15 000,—	18 000,—
Verbindlichkeiten a. LL	29 000,—	32 000,—

Geschäftsfälle		
1. Wareneinkauf auf Ziel	2 000,—	2 600,—
2. Postüberweisung an einen Lieferer	3 200,—	4 100,—
3. Banküberweisung eines Kunden	2 200,—	2 800,—
4. Barverkauf eines gebrauchten Regals	800,—	500,—
5. Wareneinkauf gegen Bankscheck	1 500,—	1 700,—
6. Postüberweisung einer Darlehensrate	1 000,—	2 000,—
7. Postüberweisung eines Kunden	1 800,—	2 400,—
8. Einzahlung aus der Geschäftskasse auf Bankkonto	2 000,—	3 000,—

Aufgabe 51

1. Wodurch können Abweichungen der Istbestände in der Schlußbilanz von den Sollbeständen in dem Schlußbilanzkonto verursacht werden?

2. Ein Großhandelsbetrieb ermittelt durch Inventur einen Warenbestand von 40 000,— DM. Im Warenkonto wird ein Bestand von 41 000,— DM errechnet. Wie ist der Unterschied zu erklären?

3. Worauf kann ein Kassenmanko zurückgeführt werden?

4. Erläutern Sie die Unterschiede und die Bedeutung der Bilanz, des EBK und des SBK.

4 Die Erfolgskonten

4.1 Veränderungen des Eigenkapitals durch Aufwendungen und Erträge

Die bisher gebuchten Geschäftsfälle veränderten nur die Bestände der Bilanz. Die Buchführung wurde als reine Bestandsrechnung dargestellt. Ein Bilanzposten wurde nicht berührt: **das Kapitalkonto.**

Der Kaufmann will sein eingebrachtes Kapital aber vermehren. Mit der Führung eines Betriebes übernimmt er auch das Risiko, daß das eigene Kapital sich vermindern kann.

4.1.1 Minderung des Eigenkapitals

Das Kapital wird vermindert durch Ausgaben für den Gebrauch und Verbrauch von Gütern und Leistungen. So zahlt der Betrieb beispielsweise Miete für die Benutzung von Räumen. Eigenkapital und Kassenbestand werden durch diesen Geschäftsfall vermindert.

Solche Ausgaben bezeichnet man als **Aufwendungen.** Sie vermindern das Eigenkapital.

4.1.2 Mehrung des Eigenkapitals

Das Kapital wird vermehrt durch Einnahmen, die der Betrieb erzielt, wenn er jemandem Güter und Leistungen zum Gebrauch zur Verfügung stellt. So schreibt die Bank dem Betrieb beispielsweise für seine Einlagen Zinsen gut. Bankguthaben und Eigenkapital werden durch diesen Geschäftsfall vermehrt.

Solche Einnahmen bezeichnet man als **Erträge.** Sie vermehren das Eigenkapital.

S	Eigenkapital	H
– Aufwendungen		Anfangsbestand + Erträge

Aufwendungen:

Personalkosten (Löhne und Gehälter), Raumkosten (Miete, Strom, Heizung, Wasser), Werbekosten, Transportkosten, Allgemeine Verwaltungskosten (Büromaterial, Telefon, Briefmarken), Abschreibungen usw.

Erträge:

Erträge aus dem Warenverkauf, Zinserträge, Provisionserträge, Mieterträge usw.

1. Aufwendungen vermindern das Eigenkapital.
2. Erträge vermehren das Eigenkapital.

4.2 Aufwands- und Ertragskonten, Unterkonten des Eigenkapitalskontos

Eine unmittelbare Buchung der Aufwendungen und Erträge auf dem Eigenkapitalkonto hat Nachteile:

1. das Eigenkapitalkonto wird unübersichtlich,
2. aus den Buchungen geht nicht hervor, wodurch das Eigenkapital verändert wurde,
3. der Kaufmann kann die Höhe der einzelnen Aufwendungen und Erträge nicht aus dem Kapitalkonto ersehen.

Daher werden die Aufwendungen und Erträge auf Unterkonten des Eigenkapitalkontos, den **Erfolgskonten**, gebucht.

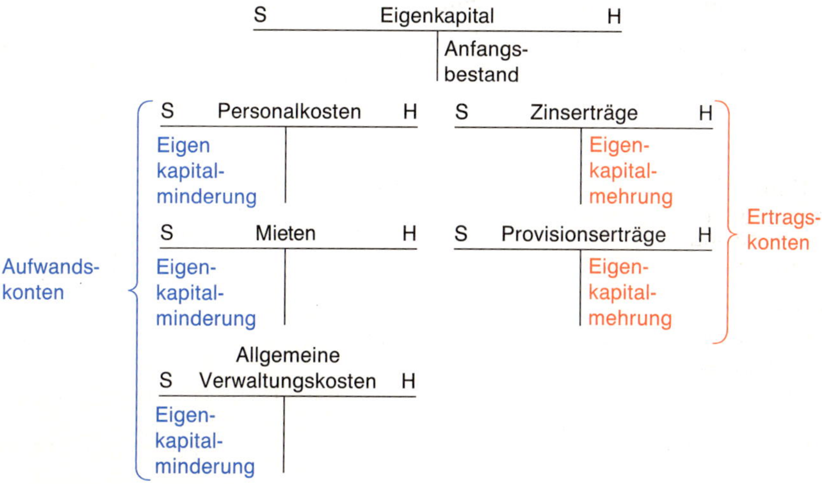

4.3 Buchung auf den Erfolgskonten

Die Erfolgskonten nehmen die Kapitalveränderungen auf. Daher wird wie auf dem Eigenkapitalkonto gebucht:

Beispiel

Anfangsbestände	DM		DM
Bank	20 000,—	Kapital	20 000,—

Geschäftsfälle

	DM
1. Gehaltszahlung durch Bankscheck	400,—
2. Mietzahlung für gemietete Büroräume durch Banküberweisung	150,—
3. Ausgleich der Telefonrechnung durch Banküberweisung	80,—
4. Die Bank schreibt Zinsen gut	180,—
5. Wir erhalten eine Provision für Geschäftsvermittlung durch Banküberweisung	1 650,—

Buchung auf den Aufwandskonten

Buchungssätze:

	DM
1. Personalkosten an Bank	400,—
2. Mieten an Bank	150,—
3. Allgemeine Verwaltungskosten an Bank	80,—

Buchung auf den Ertragskonten

Buchungssätze:

	DM
4. Bank an Zinserträge	180,—
5. Bank an Provisionserträge	1 650,—

S Personalkosten H

S		H	
(1) Bank	400,—		

S Mieten H

S		H	
(2) Bank	150,—		

S Allgemeine Verwaltungskosten H

S		H	
(3) Bank	80,—		

S Zinserträge H

S		H	
		(4) Bank	180,—

S Provisionserträge H

S		H	
		(5) Bank	1 650,—

S Bank H

S		H	
EBK	20 000,—	(1) Personalkosten	400,—
(4) Zinserträge	180,—	(2) Mieten	150,—
(5) Provisionserträge	1 650,—	(3) Allgemeine Verwaltungskosten (AVK)	80,—

1. Auf den Aufwandskonten werden die Eigenkapitalminderungen (Aufwendungen) im Soll gebucht.
2. Auf den Ertragskonten werden die Eigenkapitalmehrungen (Erträge) im Haben gebucht.

4.4 Abschluß der Erfolgskonten

Am Ende des Geschäftsjahres werden die Konten abgeschlossen. Aufwendungen und Erträge werden gesammelt und gegenübergestellt, um den Erfolg (Gewinn oder Verlust) festzustellen.

Aufwendungen und Erträge werden auf dem **Gewinn- und Verlustkonto (GuV)** gegenübergestellt. Der Gewinn oder der Verlust wird auf das Eigenkapitalkonto übertragen.

Der **Abschlußbuchungssatz** lautet:

bei **Gewinn:** GuV an Eigenkapital
bei **Verlust:** Eigenkapital an GuV.

S	GuV (bei Gewinn)	H
Aufwendungen		Erträge
Gewinn = Eigenkapitalmehrung		

S	GuV (bei Verlust)	H
Aufwendungen		Erträge
		Verlust = Eigenkapitalminderung

S	Eigenkapital	H
		Anfangsbestand
		Gewinn

S	Eigenkapital	H
Verlust		Anfangsbestand

1. Das Unternehmen hat einen **Gewinn,** wenn die Erträge größer sind als die Aufwendungen.
2. Es hat einen **Verlust,** wenn die Erträge kleiner sind als die Aufwendungen.

Beispiel mit Abschlußbuchungssätzen

Erfolgskonten

Aufwandskonten / **Ertragskonten**

S	Personalkosten	H
(1) Bank 400,—		GuV 400,—

S	Mieten	H
(2) Bank 150,—		GuV 150,—

S	AVK	H
(3) Bank 80,—		GuV 80,—

S	Zinserträge	H
GuV 180,—		(4) Bank 180,—

S	Provisionserträge	H
GuV 1 650,—		(5) Bank 1 650,—

GuV an alle Aufwandskonten

S (Aufwendungen)		GuV		(Erträge) H
Personalkosten	400,—		Zinserträge	180,—
Mieten	150,—		Provisionserträge	1 650,—
AVK	80,—			
Eigenkapital	1 200,—			
	1 830,—			1 830,—

Alle Ertragskonten an GuV

S		Eigenkapital		H
SBK	21 200,—		EBK	20 000,—
			GuV	1 200,—
	21 200,—			21 200,—

GuV an Eigenkapital

1. Das Gewinn- und Verlustkonto ist das Sammelkonto der Aufwendungen und Erträge. Aufwendungen stehen auf der Sollseite, Erträge auf der Habenseite.
2. Der Saldo (Gewinn oder Verlust) wird auf das Eigenkapitalkonto übertragen.
3. Für den Kaufmann sind Gewinn- und Verlustrechnung und Bilanz vorgeschrieben. Sie bilden zusammen den Jahresabschluß (§ 242 HGB), der vom Kaufmann unter Angabe des Datums zu unterzeichnen ist (§ 245 HGB).

4.5 Die beiden Wege der Erfolgsermittlung in der doppelten Buchführung

1. Der Erfolg (Gewinn oder Verlust) des Unternehmens wird durch Gegenüberstellung der Aufwendungen und Erträge auf dem GuV-Konto festgestellt:

Erträge	− Aufwendungen	= Reingewinn
Aufwendungen	− Erträge	= Reinverlust

2. Der Erfolg kann auch durch Gegenüberstellung des Eigenkapitals in der Eröffnungs- und Schlußbilanz ermittelt werden (siehe auch S. 15), da die Aufwendungen und Erträge immer zu Veränderungen des Vermögens und der Schulden führen und das Eigenkapital sich aus der Aufrechnung von Vermögen und Schulden ergibt.

Kapital am Ende des Jahres − Anfangskapital = Reingewinn
Anfangskapital − Kapital am Ende des Jahres = Reinverlust

4.6 Auswertung der Erfolgskonten

Die Buchung der Aufwendungen und Erträge auf den Erfolgskonten hat viele Vorteile:

1. Aufwendungen und Erträge werden nach ihrer Entstehung klar und übersichtlich getrennt.
2. Dadurch wird ersichtlich, welche Aufwendungen oder Erträge den Erfolg des Unternehmens besonders bestimmen.
3. Der Kaufmann kann die Entwicklung der Aufwendungen und Erträge feststellen, indem er die Erfolgskonten mehrerer Jahre miteinander vergleicht.
4. Durch Vergleich mit anderen Betrieben können die Ursachen zu hoher Aufwendungen entdeckt werden.
5. Auf Grund der gewonnenen Erkenntnisse können Maßnahmen zur Kostensenkung oder Ertragssteigerung getroffen werden.

Aufgabe 52

Bilden Sie die Buchungssätze zu nachtehenden Geschäftsfällen!

Erläutern Sie dabei immer zuerst, wie sich der Fall auf das Eigenkapital auswirkt!

1. Gehaltszahlung bar	2 400,—
2. Barzahlung für eine Werbeanzeige	260,—

3.	Postüberweisung der Fernsprechgebühren	584,—
4.	Gutschrift der Bank für Zinsen	142,—
5.	Banküberweisung der Miete für eine Lagerhalle	3 500,—
6.	Bareinkauf von Reinigungsmitteln zur Pflege der Geschäftsräume	84,—
7.	Barzahlung eines Kunden zum Ausgleich einer fälligen Rechnung	960,—
8.	Briefmarkeneinkauf bar	40,—
9.	Kauf von Büromaterial gegen Bankscheck	250,—
10.	Wareneinkauf auf Ziel	2 600,—

Aufgabe 53

Ein Großhandelsbetrieb hatte **am Ende** des Geschäftsjahres 450 000,— DM Vermögen, 210 000,— DM Schulden. Im Laufe des Jahres entstanden 590 000,— DM Aufwendungen, 650 000,— DM Erträge.

Ermitteln Sie

a) das Eigenkapital am Ende des Geschäftsjahres,

b) den Erfolg des abgelaufenen Geschäftsjahres,

c) das Eigenkapital am Anfang des Geschäftsjahres.

Aufgabe 54—57

Reihenfolge der Arbeiten:

1. Aufstellung der Eröffnungsbilanz
2. Eröffnungsbuchungen über das EBK
3. Buchung der Geschäftsfälle im Grundbuch und im Hauptbuch
4. Abschluß der Erfolgskonten über GuV
5. Abschluß des GuV-Kontos über Kapital
6. Abschluß der Bestandskonten über SBK

Aufgaben 54 und 55

Konten

EBK, Geschäftsausstattung, Waren, Forderungen a. WL, Bank, Kasse, Eigenkapital, Darlehensschulden, Verbindlichkeiten a. WL, Personalkosten Mieten, Energie/Betriebsstoffe, AVK, Provisionserträge, GuV, SBK.

Anfangsbestände	DM		DM
Geschäftsausstattung	6 000,—	Forderungen a. LL	2 000,—
Bankguthaben	2 500,—	Waren	6 500,—
Kasse	1 000,—	Darlehnsschulden	3 600,—
Verbindlichkeiten a. LL	2 400,—	Eigenkapital	?

Geschäftsfälle	**54** DM	**55** DM
1. Wareneinkauf auf Ziel	500,—	600,—
2. Für Geschäftsvermittlung erhalten wir Provision durch Banküberweisung	2 300,—	1 000,—
3. Lohnzahlung bar	800,—	700,—
4. Mietzahlung (Ausstellungshalle) durch Banküberweisung	250,—	190,—
5. Ausgleich der Licht- und Heizungsrechnung durch Banküberweisung	50,—	60,—
6. Barabhebung vom Bankkonto	400,—	350,—
7. Die Telefonrechnung wird durch Banküberweisung beglichen	140,—	120,—

8.	Briefmarkeneinkauf bar	10,—	15,—
9.	Tilgung eines Darlehns durch Banküberweisung	500,—	400,—
10.	Bareinkauf von Büromaterial	50,—	60,—

Aufgaben 56 und 57

Konten

EBK, Geschäftsausstattung, Waren, Forderungen a. LL, Bank, Kasse, Eigenkapital, Darlehnsschulden, Verbindlichkeiten a. LL, Personalkosten, Energie/Wasser, Werbekosten, AVK, Zinsaufwendungen, Zinserträge, Provisionserträge, GuV, SBK.

	56	57
Anfangsbestände	DM	DM
Geschäftsausstattung	15 000,—	20 000,—
Waren	20 000,—	37 000,—
Forderungen a. WL	5 000,—	9 000,—
Bankguthaben	3 500,—	4 000,—
Kasse	1 500,—	2 000,—
Darlehnsschulden	8 000,—	14 000,—
Verbindlichkeiten a. WL	7 000,—	10 000,—
Eigenkapital	?	?

Geschäftsfälle	DM	DM
1. Wareneinkauf auf Ziel	1 800,—	4 000,—
2. Gehaltszahlung bar	450,—	700,—
3. Ein Kunde begleicht eine Rechnung durch Banküberweisung	1 200,—	2 000,—
4. Ausgleich der Telefonrechnung durch Banküberweisung	110,—	145,—
5. Die Bank schreibt uns Zinsen gut	187,50	215,—
6. Bareinkauf von Büromaterial	50,—	80,—
7. Ein Kunde begleicht eine Rechnung bar	700,—	650,—
8. Die Strom- und Wasserrechnung wird durch Banküberweisung beglichen	75,—	95,—
9. Briefmarkeneinkauf bar	30,—	45,—
10. Barzahlung für eine Werbeanzeige	80,—	110,—
11. Zahlung der Darlehnszinsen durch Banküberweisung	150,—	220,—
12. Wir erhalten Provision für Geschäftsvermittlung durch Banküberweisung	2 000,—	3 000,—
13. Ausgleich einer Liefererrechnung durch Banküberweisung	1 850,—	2 000,—
14. Tilgung eines Darlehns durch Banküberweisung	1 500,—	1 800,—

Aufgabe 58

Um wieviel % hat sich das Kapital in den Aufgaben 56 und 57 geändert?

Aufgabe 59

Sprechen Sie über folgende Themen:

a) Bestands- und Erfolgskonten

b) Die Bestands- und Erfolgskonten, Unterlagen für betriebliche Entscheidungen

c) Wie können die Kosten eines Betriebes gesenkt werden?

5 Buchungen beim Einkauf und Verkauf von Waren

5.1 Wareneinsatz und Warenverkauf als Erfolge

In der Regel liegt der Verkaufspreis höher als der Einstandspreis:

	Einstands- oder Bezugspreis	10,— DM
+	Aufwendungen (= Handlungskosten)	2,— DM
=	Selbstkostenpreis	12,— DM
+	Gewinn	3,— DM
=	Verkaufspreis	15,— DM

Im Verkaufspreis sind also enthalten:

1. Der **Einstandspreis** = Preis, den der Kaufmann zahlen muß, um in den Besitz der Ware zu kommen. Er setzt sich aus dem Rechnungspreis und den Bezugskosten (Fracht, Verpackung u. ä.) zusammen.
2. Die **Handlungskosten** = Kosten, die dem Kaufmann in der Zeit zwischen Einkauf und Verkauf durch Lagerung, Pflege und Verwaltung entstehen.
3. Der **Gewinn** = Einkommen des Kaufmanns, Prämie für das übernommene Risiko und Verzinsung des eingesetzten Kapitals.

Aus dieser Rechnung wird deutlich, daß der Unternehmer einen Aufwand und somit eine Eigenkapitalminderung in Höhe der Selbstkosten (im Beispiel 12,— DM) erleiden muß, um einen Ertrag und somit eine Eigenkapitalmehrung in Höhe des Verkaufspreises (im Beispiel 15,— DM) zu erzielen.

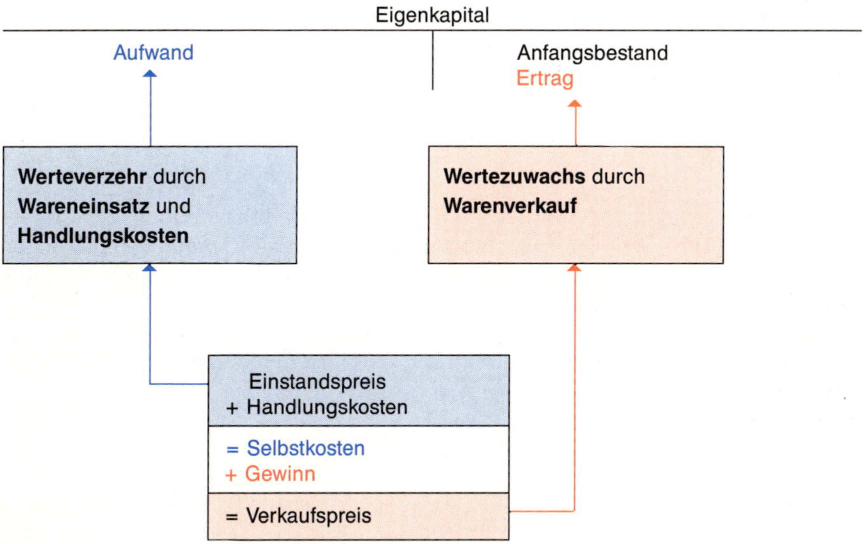

5.2 Buchung des Wareneinsatzes und Warenverkaufs

Zur Erfassung des Warenverkehrs sind somit **zwei Erfolgskonten** notwendig:

Aufwandskonto	**Ertragskonto**
Wareneingang	Warenverkauf
Alle während des Geschäftsjahres getätigten **Wareneinkäufe** werden als **Eigenkapitalminderung** im **Soll** gebucht. Es wird unterstellt, daß diese Wareneinkäufe in derselben Rechnungsperiode verkauft und somit zum Wareneinsatz (Aufwand) werden.	Auf ihm werden die **Eigenkapitalmehrungen** durch **Warenverkäufe,** also die Geschäfte mit den Kunden, im **Haben** gebucht.

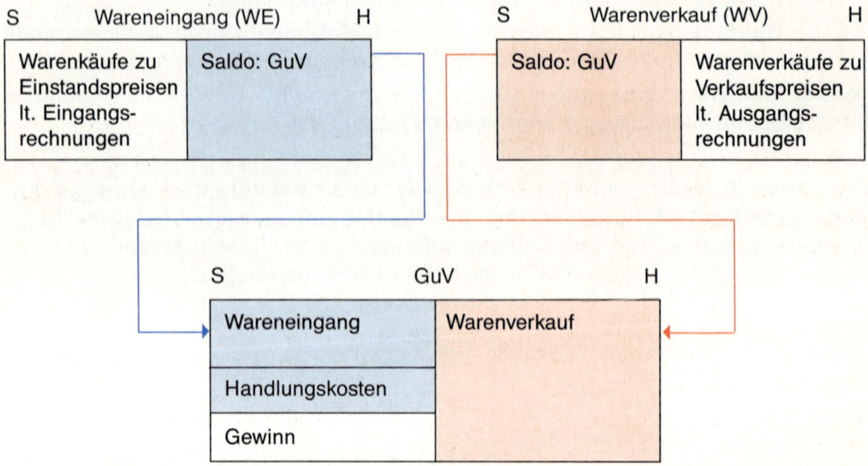

Um den Erfolg aus dem Warenverkauf festzustellen, müssen den Erträgen lt. Konto „Warenverkauf" die dafür entstandenen Aufwendungen, nämlich der Wareneinsatz und die Handlungskosten (Personalkosten, Mieten, AVK u. a.) auf dem GuV-Konto gegenübergestellt werden.

Beispiel:

Buchung auf den Warenkonten in einem Großhandelsbetrieb und Abschluß

1. Zieleinkauf: 20 000 Stück zu je 10,— DM
2. Zielverkauf: 20 000 Stück zu je 15,— DM

Dabei entstanden 40 000,— DM Handlungskosten (Personalkosten, AVK u. a.)

Buchungen

1. Wareneingang/Wareneinsatz	an	Verbindlichkeiten a. LL	200 000,— DM
2. Forderungen a. LL	an	Warenverkauf	300 000,— DM

Abschlußbuchungen

Warenverkauf	an	GuV	300 000,– DM
GuV	an	Wareneingang	200 000,– DM
GuV	an	Kostenkonten	40 000,– DM
GuV	an	Eigenkapital	60 000,– DM

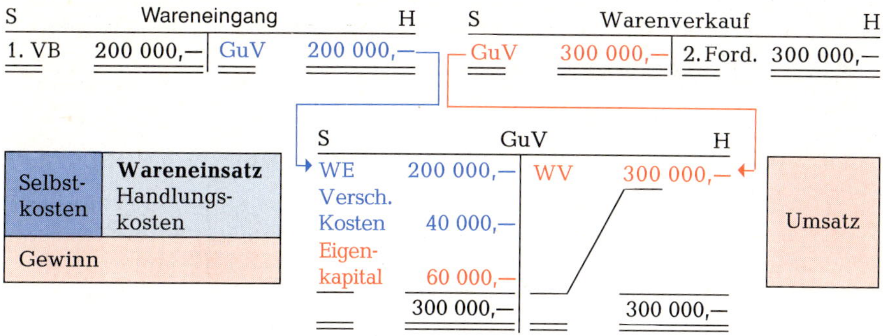

5.3 Warenbestände und Warenbestandsveränderungen

Im vorstehenden Beispiel wurde unterstellt, daß alle in einer Rechnungsperiode gekauften Waren in derselben Rechnungsperiode verkauft und damit zum Wareneinsatz (= Aufwand) wurden. Davon abweichend treten folgende Fälle in der Praxis auf:

5.3.1 Bestandsmehrungen

Nicht alle in einer Rechnungsperiode gekauften Waren werden **in derselben Rechnungsperiode verkauft.**

Dieser Sachverhalt ist eingetreten, wenn der wertmäßige **Warenbestand** lt. Inventur **am Ende eines Geschäftsjahres größer** ist **als am Anfang des Geschäftsjahres.** Der **Wareneinsatz** ist also während des Geschäftsjahres **kleiner als der Wareneingang.** Es entstand zusätzliches Vermögen in Form eines vergrößerten Lagerbestandes. Der bisher gebuchte **Wareneinsatz muß um diese Bestandsmehrung korrigiert werden. Warenbestand** und **Wareneinsatz** sind also zu **berichtigen.**

5.3.2 Bestandsminderungen

Neben den Wareneingängen einer Rechnungsperiode können **bestehende Lagerbestände aus dem Vorjahr** in der laufenden Rechnungsperiode **veräußert** werden. Es ist also denkbar, daß der **Wareneinsatz** einer Rechnungsperiode **größer** ist als der **Wert der** Warenkäufe. Dieser Sachverhalt ist eingetreten, wenn der **wertmäßige Warenbestand** lt. Inventur **am Ende des Geschäftsjahres kleiner** ist **als am Anfang des Geschäftsjahres.** Die **Bestandsminderung** stellt eine Vermögens- und Eigenkapitalminderung dar, die als **zusätzlicher Aufwand** auf dem Konto Wareneingang erfaßt wird. Warenbestand und Wareneinsatz sind also zu berichtigen.

Mögliche Warenbestandsveränderungen		
AB < EB	**Warenbestandsmehrung**	Wertmäßiger Warenkauf > Wareneinsatz
AB > EB	**Warenbestandsminderung**	Wertmäßiger Warenkauf < Wareneinsatz

5.3.3 Buchung der Warenbestandsveränderungen

Warenbestandsveränderungen werden einerseits auf dem Warenbestandskonto zur Anpassung des Sollbestandes an den Istbestand erfaßt, andererseits auf dem Konto Wareneingang. Der dort erfaßte Wareneinsatz muß um die Bestandsveränderungen korrigiert werden.

Bestandskonto **Warenbestände**	Erfolgskonto **Wareneingang**
Es weist aus 1. den Warenanfangsbestand 2. die Warenbestandsmehrung als Vermögensmehrung oder die Warenbestandsminderung als Vermögensminderung 3. den Warenendbestand	Es nimmt auf **im Haben** die Bestandsmehrung als Korrektur des Wareneinsatzes **im Soll** die Bestandsminderung als zusätzlichen Wareneinsatz

Nach Durchführung der **Inventur** kann die Warenbestandsveränderung durch **Vergleich** des **Warenendbestandes** mit dem **Warenanfangsbestand** festgestellt werden (siehe oben). Entsprechend ist dann der Warenbestand **(Sollbestand)** auf dem Bestandskonto **„Warenbestände"** dem **Istbestand** anzupassen. Die Gegenbuchung nimmt das Erfolgskonto **„Wareneingang"** auf. Mit dieser Buchung wird der Abschluß der Konten vorbereitet. Es handelt sich daher um eine **vorbereitende Abschlußbuchung** oder **Umbuchung.**

Beispiel einer Warenbestandsmehrung:

Warenanfangsbestand:	3 000 Stück zu je 10,— DM
Geschäftsfälle	
1. Zieleinkäufe	20 000 Stück zu je 10,— DM
2. Zielverkäufe	18 000 Stück zu je 15,— DM
Die Handlungskosten betrugen im selben Zeitraum	36 000,— DM
Warenendbestand lt. Inventur:	5 000 Stück zu je 10,— DM

Anfangsbestand		Endbestand		Bestandsmehrung
3 000 Stück zu je 10,— DM	<	5 000 Stück zu je 10,— DM	→	2 000 Stück zu je 10,— DM
= 30 000,— DM		= 50 000,— DM		= 20 000,— DM

Umbuchung

Warenbestand an Wareneingang 20 000,— DM

S	Warenbestand		H
EBK	30 000,—	SBK	50 000,—
WE	20 000,—		
	50 000,—		50 000,—

S	SBK		H
Waren	50 000,—		

S	Warenverkauf		H
GuV	270 000,—	2. Ford.	270 000,—

S	Wareneingang		H
1. VB	200 000,—	WB	20 000,—
		GuV	180 000,—
	200 000,—		200 000,—

Selbstkosten	Wareneinsatz Handlungskosten
Gewinn	

S	GuV		H
WE	180 000,—	Warenverkauf	270 000,—
Versch. Kosten	36 000,—		
Eigenkapital	54 000,—		
	270 000,—		270 000,—

Umsatz

Beispiel einer Warenbestandsminderung:

Warenanfangsbestand: 3 000 Stück zu je 10,— DM

Geschäftsfälle

1. Zieleinkäufe 20 000 Stück zu je 10,— DM
2. Zielverkäufe 21 000 Stück zu je 15,— DM

Die Handlungskosten betrugen im selben Zeitraum 42 000,— DM

Warenendbestand: 2 000 Stück zu je 10,— DM

Anfangsbestand		Endbestand		Bestandsminderung
3 000 Stück zu je 10,— DM	>	2 000 Stück zu je 10,— DM	→	1 000 Stück zu je 10,— DM
= 30 000,— DM		= 20 000,— DM		= 10 000,— DM

Umbuchung

Wareneingang an Warenbestand 10 000,— DM

S Wareneingang H

S		H	
1. VB	200 000,—	GuV	210 000,—
WB	10 000,—		
	210 000,—		210 000,—

S Warenbestand H

S		H	
EBK	30 000,—	WE	10 000,—
		SBK	20 000,—
	30 000,—		30 000,—

S Warenverkauf H

S		H	
GuV	330 000,—	2. Ford.	330 000,—

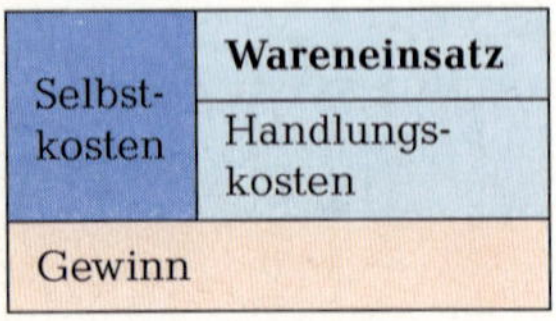

S GuV H

S		H	
WE	210 000,—	WV	330 000,—
Versch. Kosten	42 000,—		
Eigen-kapital	78 000,—		
	330 000,—		330 000,—

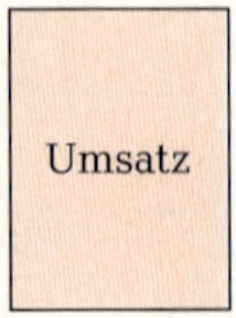

5.4 Brutto- und Nettoabschluß der Warenkonten

5.4.1 Bruttoabschluß

Wird der Abschluß in der vorstehenden Form durchgeführt, spricht man vom **Bruttoabschluß der Warenkonten.**

Auf dem GuV-Konto werden die Ertäge (Umsatzerlöse) und sämtliche dafür entstandene Aufwendungen (Wareneinsatz einschließlich eventueller Warenbestandsveränderungen und Handlungskosten) gegenübergestellt, um den Erfolg zu ermitteln.

Aus dieser Darstellung läßt sich die Kalkulation des Großhandels ableiten (siehe Beispiel S. 57).

5.4.2 Nettoabschluß

Der Bruttoabschluß zeigt

- die Höhe des Warenumsatzes,
- den dafür notwendigen Wareneinsatz (Wareneingang + / – Warenbestandsveränderungen),
- die Handlungskosten und gibt somit
- Informationen über die durchschnittliche Kalkulation und Marktstellung des Unternehmens.

Um dies zu verhindern, wurde der Nettoabschluß entwickelt. Bei diesem wird die Gegenüberstellung von Wareneinsatz und Umsatzerlösen nicht auf dem GuV-Konto vorgenommen, sondern auf dem Warenverkaufskonto, das nicht Bestandteil des offenzulegenden Jahresabschlusses ist.

Darstellung des Nettoabschlusses im Falle der Warenbestandsmehrung (siehe S. 61)

S	Warenbestand		H
EBK	30 000,—	SBK	50 000,—
WE	20 000,—		
	50 000,—		50 000,—

S	SBK		H
Waren	50 000,—		

S	Wareneingang		H
1. VB	200 000,—	WB	20 000,—
		Warenverkauf	180 000,—
	200 000,—		200 000,—

S	Warenverkauf		H
WE	180 000,—	2. Ford.	270 000,—
GuV	90 000,—		
	270 000,—		270 000,—

S	GuV		H
Verschiedene Kosten	36 000,—	Warenverkauf (Rohgewinn)	90 000,—
Eigenkapital	54 000,—		
	90 000,—		90 000,—

Beim Nettoabschluß erscheint auf dem Konto „Gewinn und Verlust" nur der Rohgewinn; beim Bruttoabschluß weist dieses Konto aber den Umsatz zu Einstandspreisen (Wareneinsatz) und den Nettoverkaufserlös aus. Der „Kostencharakter" des Wareneinsatzes wird beim Bruttoabschluß also klar erkennbar, wohingegen er beim Nettoabschluß durch vorherige Verrechnung untergeht. Im übrigen läßt sich der Rohgewinn beim Bruttoabschluß leicht errechnen.

Der Aussagewert des Kontos „Gewinn und Verlust" ist also beim Bruttoabschluß größer als beim Nettoabschluß. Für **große Kapitalgesellschaften** schreibt das Gesetz (§§ 267, 275, 276 HGB) für Zwecke der Veröffentlichung den Bruttoabschluß vor. Aus Gründen der größeren Klarheit wird aber auch in anderen Unternehmungen dem Bruttoabschluß der Vorzug gegeben.

1. Beim Nettoabschluß erscheint nur der **Rohgewinn** auf dem Gewinn- und Verlustkonto. Der Wareneinsatz wird mit dem Umsatz zu Verkaufspreisen auf dem Warenverkaufskonto verrechnet.
2. Beim Bruttoabschluß fehlt diese Verrechnung. Umsatz zu Einstandspreisen (Wareneinsatz) und Umsatz zu Verkaufspreisen (Nettoverkaufserlöse) werden auf dem Gewinn- und Verlustkonto gegenübergestellt. Dadurch wird die Aussagekraft des Gewinn- und Verlustkontos erhöht.

Aufgaben 60 und 61

1. Buchen Sie folgende Geschäftsfälle auf den Wareneingang, Warenverkauf und GuV!
2. Ermitteln Sie den Erfolg!

	Aufgabe 60	Aufgabe 61
1. Zieleinkäufe:	50 Maschinen zu je 7 200,— DM	140 Maschinen zu je 2 400,— DM
2. Zielverkäufe:	40 Maschinen zu je 12 600,— DM	120 Maschinen zu je 3 200,— DM
3. Einkäufe gegen Bankverrechnungsscheck:	20 Maschinen zu je 7 200,— DM	60 Maschinen zu je 2 400,— DM
4. Verkäufe gegen Bankverrechnungsscheck	30 Maschinen zu je 12 600,— DM	80 Maschinen zu je 3 200,— DM
Dabei entstanden folgende Handlungskosten:		
Personalkosten	175 000,— DM	52 000,— DM
Mieten	25 000,— DM	16 000,— DM
AVK	52 000,— DM	28 000,— DM

Aufgabe 62

Konten

Warenbestand, Wareneingang, Warenverkauf, GuV, SBK

Anfangsbestand an Waren

3 000 kg zu 2,50 DM je kg

Geschäftsfälle

1. Verkauf auf Ziel	1 000 kg zu 3,— DM je kg	
2. Verkauf bar	50 kg zu 3,— DM je kg	
3. Zieleinkauf	1 500 kg zu 2,50 DM je kg	
4. Zielverkauf	800 kg zu 3,— DM je kg	

Endbestand lt. Inventur: 2 650 kg zu je 2,50 DM. Schließen Sie die Warenkonten ab!

Aufgaben 63 und 64

Konten

Warenbestand, Wareneingang, Warenverkauf, GuV, SBK

	63	64
Geschäftsfälle	DM	DM
Warenanfangsbestand	15 000,—	8 000,—
1. Verkauf auf Ziel	1 200,—	600,—
2. Verkauf gegen Bankscheck	1 500,—	1 000,—
3. Wareneinkauf auf Ziel	2 000,—	1 400,—
4. Verkauf bar	500,—	200,—
5. Zielverkauf	1 600,—	600,—
Endbestand lt. Inventur	13 400,—	7 600,—

Schließen Sie die Konten nach dem Brutto- und Nettoabschlußverfahren ab!

Aufgabe 65

Konten

EBK, Geschäftsausstattung, Warenbestand, Forderungen a. LL, Bank, Kasse, Eigenkapital, Darlehnsschulden, Verbindlichkeiten a. LL, Personalkosten, Mieten, Wareneingang, Warenverkauf, GuV, SBK

Anfangsbestände	DM
Geschäftsausstattung	25 000,–
Warenbestand	45 200,–
Forderungen a. LL	15 600,–
Bankguthaben	23 300,–
Kasse	1 640,–
Eigenkapital	?
Darlehensschulden	15 000,–
Verbindlichkeiten a. LL	21 600,–

Geschäftsfälle	
1. Warenverkauf auf Ziel	19 680,—
2. Warenverkauf bar	240,—
3. Wareneinkäufe	
auf Ziel	3 100,—
gegen Bankscheck	1 200,—
bar	480,—

4. Banküberweisungen	
Ausgleich einer Lieferrechnung	2 400,—
Geschäftsmiete	800,—
Gehälter der Angestellten	12 200,—
Darlehensrückzahlung	1 000,—
5. Warenverkauf gegen Bankscheck	5 200,—
6. Einkauf einer Schreibmaschine gegen Bankscheck	1 140,—

Abschlußangaben

1. Warenendbestand lt. Inventur (Bruttoabschluß) . . . . 39 720,—
2. Die übrigen Inventurbestände stimmen mit den Buchbeständen überein.

Aufgaben 66 und 67

Ein Großhandelsbetrieb hatte im abgelaufenen Geschäftsjahr folgende Aufwendungen und Erträge:

	66	**67**
	DM	DM
Wareneingang	380 000,—	540 000,—
Personalkosten	240 000,—	360 000,—
Zinserträge	20 000,—	40 000,—
Mietaufwendungen	—	90 000,—
Sonstige Raumkosten	8 000,—	8 200,—
Steuern	29 000,—	31 000,—
Warenverkäufe	760 000,—	1 080 000,—
Kosten für Werbung	44 000,—	38 000,—
AVK	51 000,—	79 000,—

Stellen Sie die Aufwendungen und Erträge in dem Konto „Gewinn und Verlust" gegenüber und ermitteln Sie den Erfolg unter Berücksichtigung folgender Warenbestandsveränderungen:

Aufgabe 66: Bestandsmehrung: 12 000,— DM
Aufgabe 67: Bestandsminderung: 3 800 DM

Aufgaben 68 und 69

Konten

EBK, Warenbestand, Forderungen a. LL, Bank, Kasse, Eigenkapital, Verbindlichkeiten a. LL, Wareneingang, Mieten, Warenverkauf, GuV, SBK

	68	**69**
Anfangsbestände	DM	DM
Warenbestand	20 000,—	25 000,—
Forderungen a. LL	4 000,—	6 000,—
Bankguthaben	3 000,—	4 000,—
Kasse	1 500,—	1 600,—
Eigenkapital	?	?
Verbindlichkeiten a. LL	4 800,—	7 000,—

Geschäftsfälle	68 DM	69 DM
1. Wareneinkauf auf Ziel	2 000,—	3 000,—
2. Warenverkauf auf Ziel	1 600,—	1 500,—
3. Ausgleich einer Liefererrechnung durch Banküberweisung	1 500,—	2 000,—
4. Ein Kunde überweist auf das Bankkonto	1 000,—	1 200,—
5. Warenverkauf bar	300,—	500,—
6. Warenverkäufe gegen Bankscheck	2 500,—	3 800,—
7. Mietzahlung bar	150,—	250,—
8. Verkäufe auf Ziel	2 400,—	4 100,—

Abschlußangaben	DM	DM
1. Warenbestand lt. Inventur (Nettoabschlußverfahren)	16 900,—	21 400,—
2. Die übrigen Inventurbestände stimmen mit den Buchbeständen überein.		

Aufgaben 70 und 71

Konten

EBK, Fuhrpark, Geschäftsausstattung, Warenbestand, Forderungen a. LL, Bank, Postgiro, Kasse, Eigenkapital, Darlehnsschulden, Verbindlichkeiten a. LL, Wareneingang, Personalkosten, Werbekosten, AVK, Warenverkauf, GuV, SBK.

Anfangsbestände	70 DM	71 DM
Fuhrpark	60 000,—	40 000,—
Betriebs- und Geschäftsausstattung	15 000,—	10 000,—
Warenbestand	40 000,—	30 000,—
Forderungen a. LL	8 000,—	7 000,—
Bankguthaben	4 000,—	3 500,—
Postgiro	2 500,—	1 900,—
Kasse	2 100,—	1 800,—
Eigenkapital	?	?
Darlehnsschulden	15 000,—	10 000,—
Verbindlichkeiten a. LL	10 000,—	8 000,—

Geschäftsfälle		
1. Warenverkäufe		
auf Ziel	8 000,—	6 500,—
gegen Bankscheck	4 800,—	3 400,—
2. Barverkäufe	2 200,—	1 100,—
3. Gehaltszahlung bar	1 200,—	800,—
4. Wareneinkäufe		
auf Ziel	6 000,—	4 000,—
gegen Bankscheck	2 400,—	1 600,—
5. Ausgleich der Telefonrechnung durch Banküberweisung	90,—	80,—

		70	71
		DM	DM
6.	Barzahlung für eine Werbeanzeige	120,—	100,—
7.	Ausgleich einer Liefererrechnung über	2 000,—	1 600,—
	durch Banküberweisung	1 300,—	1 100,—
	durch Postüberweisung	700,—	500,—
8.	Kunden überweisen		
	auf das Bankkonto	4 800,—	2 900,—
	auf das Postgirokonto	1 250,—	690,—
9.	Rückzahlung eines Darlehns durch Banküberweisung	1 000,—	1 500,—
10.	Zielverkäufe	2 100,—	1 600,—

Abschlußangaben

		70	71
1.	Warenbestand lt. Inventur (Bruttoabschlußverfahren)	33 000,—	28 040,—
2.	Die übrigen Inventurbestände stimmen mit den Buchbeständen überein.		

5.5 Auswertung der Warenkonten

Beispiel

S	Warenbestand		H
AB	15 000,—	EB	25 000,—
WE	10 000,—		

S	Wareneingang		H
Einkäufe	110 000,—	Warenbestand	10 000,—

S	Warenverkauf		H
		Verkäufe	130 000,—

5.5.1 Warenbestandskonto und Wareneingang

- Auf der **Sollseite** zeigt das Konto „Warenbestand“ den Anfangsbestand 15 000,— DM
- Auf der Habenseite steht nach Abschluß des Kontos der Endbestand lt. Inventur 25 000,— DM

Das Konto „Wareneingang“ zeigt die Wareneinkäufe eines Jahres: 110 000,— DM, die — korrigiert um die Warenbestandsveränderungen (10 000,— DM) — den Wareneinsatz ergeben.

Diese Zahlen bilden die Grundlage für die Berechnung der Lagerkennziffern:

a) Durchschnittlicher Lagerbestand

$$\text{Durchschnittlicher Lagerbestand} = \frac{\text{Anfangsbestand} + \text{Endbestand}}{2}$$

$$= \frac{15\,000 + 25\,000}{2} = \underline{\underline{20\,000,\text{— DM}}}$$

Der durchschnittliche Lagerbestand gibt an, wieviel Waren durchschnittlich auf Lager sind und wieviel Kapital ständig in Waren festliegt.

b) Umschlagshäufigkeit $= \dfrac{\text{Wareneinsatz}}{\text{durchschnittlicher Lagerbestand}} = \dfrac{100\,000}{20\,000} = \underline{\underline{5 \text{ mal}}}$

Die Umschlagshäufigkeit sagt aus, wie oft das Lager im Jahr umgeschlagen wurde.

c) Durchschnittliche Lagerdauer $= \dfrac{360}{\text{Umschlagshäufigkeit}} = \dfrac{360}{5} = \underline{\underline{72 \text{ Tage}}}$

Die Lagerdauer zwischen Einkauf und Verkauf beträgt im Beispiel 72 Tage.

Die durchschnittliche Lagerdauer gibt an, wie lange die Waren durchschnittlich gelagert werden.

Durch eine lange Lagerdauer entstehen hohe Pflegekosten. Das festliegende Kapital bringt keine Zinsen. Es besteht die Gefahr des Verderbs, der Veralterung, der Ladenhüterbildung.

Ist der Kaufmann mit den errechneten Ergebnissen nicht zufrieden, muß er versuchen,

1. den Lagerbestand zu verkleinern
   a) durch Anpassung des Einkaufs an die Nachfrage,
   b) durch Verringerung des Eisernen Bestandes (durch Einkauf bei Lieferern mit kürzeren Lieferzeiten),

2. die Umschlagshäufigkeit zu erhöhen
   a) durch Werbung, Sonderangebote usw.,
   b) durch Einkauf gefragter Ware,
   c) durch Kosten- und Preissenkung.

5.5.2 Warenverkaufskonto

- Auf der **Habenseite** steht
  der Umsatz zu Verkaufspreisen . . . . 130 000,— DM

Durch Gegenüberstellung des Wareneinsatzes und des Rohgewinns kann der durchschnittliche Aufschlag auf den Einstandspreis in Prozent errechnet werden[1]).

Der Kaufmann wird immer versuchen, die Kosten zu decken und darüber hinaus noch einen Reingewinn zu erzielen.

Da die Verkaufspreise eines Betriebes den Preisen der Konkurrenz angepaßt werden müssen, kann der Aufschlag nicht willkürlich angesetzt werden.

Ist die Gewinnspanne zu gering, muß versucht werden,

1. die Kosten zu senken
   a) durch Verkürzung der Lagerdauer,
   b) durch Verkleinerung des Lagers (Miete),
2. die geringere Gewinnspanne durch einen hohen Umsatz auszugleichen,
3. günstigere Bezugsquellen zu ermitteln.

Aufgaben 72 –75

Buchen Sie auf den Konten Wareneinkauf und Warenverkauf und errechnen Sie die Lagerkennziffern und den Rohgewinn:

Aufgaben 72 und 73

	72	**73**
	DM	DM
Warenanfangsbestand	45 000,—	98 000,—
Zieleinkäufe	250 000,—	640 315,—
Einkäufe gegen Bankscheck	100 000,—	198 250,—
Bareinkäufe	60 000,—	55 435,—
Zielverkäufe	275 200,—	833 674,—
Verkäufe gegen Bankscheck	124 180,—	137 871,—
Barverkäufe	63 120,—	57 415,—
Warenendbestand laut Inventur (Nettoabschlußverfahren)	55 000,—	120 000,—

[1]) Eine ausführliche Darstellung finden Sie in „Buchführungspraxis" (Gehlenbuch 3111) und in „Die Buchführung der Großhandelsbetriebe" (Gehlenbuch 311).

Aufgaben 74 und 75

	74	75
	DM	DM
Warenanfangsbestand	136 210,—	24 415,—
Einkäufe	576 290,—	248 170,—
Verkäufe	638 400,—	298 540,—
Warenendbestand laut Inventur (Nettoabschlußverfahren)	149 790,—	19 585,—

Aufgabe 76

1. Worin besteht der Unterschied zwischen Rohgewinn und Reingewinn?
2. Wie kann der Umsatz eines Betriebes gesteigert werden?
3. Ein Vergleich der Warenkonten zweier Betriebe zeigt folgende unterschiedliche Ergebnisse:

	Betrieb A	Betrieb B
	DM	DM
durchschnittlicher Lagerbestand	30 000,—	120 000,—
Umsatz zu Einstandspreisen	240 000,—	360 000,—
Rohgewinn	60 000,—	90 000,—

a) Errechnen Sie Umschlagshäufigkeit, Lagerdauer und Umsatz zu Verkaufspreisen der beiden Betriebe!

b) Wie erklären Sie sich die Unterschiede?

c) Welche Maßnahmen muß Betrieb B ergreifen, um die Umschlagshäufigkeit zu erhöhen, bzw. die Lagerdauer zu verkürzen?

5.6 Die Umsatzsteuer (Mehrwertsteuer)

An der Wertschöpfung aller Betriebe beteiligt sich der Staat mit der **Umsatzsteuer.** Ihr unterliegen nach dem Umsatzsteuergesetz (UStG) vom 29. 5. 1967 alle Umsätze, die ein Unternehmer im Inland tätigt.

Umsätze sind
- **Warenlieferungen gegen Entgelt,**
- **berechnete Leistungen** (z. B. Warenzustellung, Aufstellung, Anschluß oder Reparatur von Geräten),
- **Eigenverbrauch**[1]), d. h. Entnahmen von Waren oder Verwendung von betrieblichen Gegenständen für Zwecke außerhalb des Unternehmens.

[1]) Siehe Seite 83 f.

Grundlage für die Berechnung der Umsatzsteuer ist das **vereinbarte Entgelt.** Das ist der Betrag, den der Empfänger aufwenden muß, um eine Ware oder Leistung zu erhalten, jedoch abzüglich der Umsatzsteuer.

Die Höhe der Umsatzsteuer ist vom **Steuersatz** abhängig. Er beträgt zur Zeit grundsätzlich 15 %. Für verschiedene Waren, die in einer Anlage zum UStG genannt werden, z. B. Lebensmittel, Bücher, Blumen und Kunstgegenstände, gilt der ermäßigte Steuersatz von 7 %. Steuerfreie Umsätze, wie Umsätze der Post und des Fernmeldewesens, werden im Gesetz namentlich genannt.

Die Umsatzsteuer ist eine Verbrauchsteuer; sie ist allein vom Endverbraucher zu tragen. Sie wird aber von den einzelnen Unternehmen innerhalb der Handelskette vom Hersteller zum Verbraucher gesammelt und an das Finanzamt abgeführt. Jedes Glied der Handelskette – Hersteller, Großhändler, Einzelhändler – berechnet die gezahlte Steuer weiter und wälzt sie somit auf den Verbraucher ab. Eine exakte Weiterberechnung ist aber nur möglich, wenn Waren- bzw. Leistungswert und Umsatzsteuer getrennt in Rechnung gestellt werden (siehe Schaubild S. 74).

Bei Verkäufen an andere Unternehmer ist bei Rechnungsbeträgen über 200,– DM der Umsatzsteuerbetrag anzugeben, bei Rechnungsbeträgen bis 200,– DM **(Rechnungen über Kleinbeträge)** genügt die Angabe des Umsatzsteuersatzes.

5.6.1 Vorsteuer beim Einkauf

Bei jedem Einkauf wird dem Unternehmer neben dem reinen Waren- oder Leistungswert die Umsatzsteuer in Rechnung gestellt, die der Lieferer (im Schaubild die Fabrik, S. 74) bezahlt hat.

1. Umsatzsteuer beim Einkauf heißt **Vorsteuer.**
2. Die Höhe der Vorsteuer geht aus den Eingangsrechnungen hervor.

5.6.2 Umsatzsteuer beim Verkauf

Beim Verkauf stellt der Unternehmer seinen Kunden auf alle Umsätze Umsatzsteuer in Rechnung. Aus den Ausgangsrechnungen geht der Umsatzsteuerbetrag hervor, der an das Finanzamt abzuführen ist.

1. Die Steuer vom Umsatz beim Verkauf heißt **Umsatzsteuer.**
2. Die Umsatzsteuer geht aus den Ausgangsrechnungen hervor, bzw. kann aus diesen errechnet werden.
3. Die Summe aller Umsatzsteuerbeträge eines Monats stellt die **Umsatzsteuerschuld** oder **Umsatzsteuertraglast** dar.

5.6.3 Die Zahllast

Von der Steuerschuld, die aus den Ausgangsbelegen hervorgeht, sind bereits Teile beim Einkauf bezahlt worden, und zwar als Vorsteuer. Diese kann nun als Forderung gegenüber dem Finanzamt geltend gemacht werden. Die Differenz ergibt die noch offene Steuerschuld, die **Zahllast.** Diese ist gleich der Steuer vom **Mehrwert,** der den Unterschied zwischen den Nettobeträgen aller Ausgangsrechnungen einerseits und aller Eingangsrechnungen andererseits darstellt:

	Umsatzsteuerschuld lt. Ausgangsrechnungen	225,— DM
–	Vorsteuer lt. Eingangsrechnungen	150,— DM
=	Zahllast (Steuer vom Mehrwert)	75,— DM

1. Die Vorsteuer auf den Eingangsrechnungen stellt eine Forderung gegenüber dem Finanzamt dar.
2. Die Umsatzsteuer auf den Ausgangsrechnungen stellt eine Verbindlichkeit gegenüber dem Finanzamt dar.
3. Umsatzsteuer – Vorsteuer = Zahllast.

Bei der Ermittlung der Zahllast ist nach § 13 Abs. 1 UStG darauf zu achten, daß grundsätzlich die **Ausführung der Lieferung oder Leistung** entscheidend ist für die Fälligkeit der Umsatzsteuer.

Es spielt also keine Rolle, wann die Rechnung erteilt oder wann die vereinbarten Entgelte vereinnahmt werden.

Der **Vorsteuerabzug** ist nach § 15 Abs. 1 UStG an **zwei Voraussetzungen** gebunden:

- der Unternehmer muß eine Lieferung oder Leistung empfangen **und**
- der Unternehmer muß eine Rechnung mit Ausweis der Umsatzsteuer empfangen haben.

Beispiel (aus der Sicht des Großhandels)

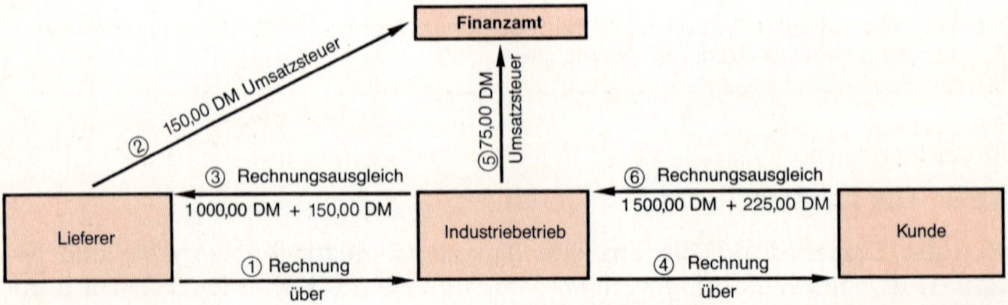

Warenpreis (netto)	1 000,— DM
+ Umsatzsteuer	150,— DM
Rechnungsbetrag (brutto)	1 150,— DM

Warenpreis (netto)	1 500,— DM
+ Umsatzsteuer	225,— DM
Rechnungsbetrag (brutto)	1 725,— DM

5.6.4 Buchung der Umsatzsteuer (Mehrwertsteuer)

Wegen ihrer unterschiedlichen Bedeutung für den Unternehmer wird die **Vorsteuer** auf dem aktiven Bestandskonto **„Vorsteuer"**, die **Umsatzsteuer** auf dem passiven Bestandskonto **„Umsatzsteuer"** erfaßt.

Beispiele

		Buchungssätze:
1. Zieleinkauf von Waren		
Warenpreis (netto)	1 000,—	Wareneingang
+ Umsatzsteuer	150,—	Vorsteuer
Rechnungsbetrag (brutto)	1 150,—	an Verbindlichkeiten a. LL.
2. Zielverkauf derselben Waren		
Warenpreis (netto)	1 500,—	an Warenverkauf
+ Umsatzsteuer	225,—	an Umsatzsteuer
Rechnungsbetrag (brutto)	1 725,—	Forderungen a. LL

S	Wareneingang		H
EBK	5 000,—		
(1) Verbindlichkeiten a. LL	1 000,—		

S	Warenverkauf		H
		(2) Forderungen a. LL	1 500,—

S	Verbindlichkeiten a. LL		H
Bank	1 140,—	EBK	1 000,—
		(1) Wareneingang, Vorsteuer	1 150,—

S	Forderungen a. LL		H
EBK	800,—	Bank	1 725,—
(2) Warenverkauf, Umsatzsteuer	1 725,—		

S	Vorsteuer		H
(1) Verbindlichkeiten a. LL	150,—	Umsatzsteuer	150,—

S	Umsatzsteuer		H
Vorsteuer	150,—	(2) Forderungen a. LL	225,—
Bank (Zahllast)	75,—		
	225,—		225,—

Zur Ermittlung der **Zahllast**, die der Unternehmer dem Finanzamt in einer Umsatzsteuervoranmeldung bis zum **Zehnten** eines jeden Monats mitteilen und entrichten muß, wird das Konto „Vorsteuer" über das Konto „Umsatzsteuer" abgeschlossen:

Buchung

Umsatzsteuer an Vorsteuer 150,— DM

Der Saldo (75,— DM) ergibt den Betrag, der an das Finanzamt zu überweisen ist.

Buchung

Umsatzsteuer an Bank 75,— DM

Beim Abschluß ist die noch nicht abgeführte Zahllast auf die Passivseite des Schlußbilanzkontos zu übernehmen (zu passivieren).

Buchung

Umsatzsteuer an SBK 75,— DM

Überwiegt die Vorsteuer die Umsatzsteuer, entsteht ein **Vorsteuerüberhang.** Zu seiner Ermittlung wird der Saldo des Kontos Umsatzsteuer auf das Konto Vorsteuer übertragen. Der Vorsteuerüberhang ist als Forderung gegenüber dem Finanzamt geltend zu machen und beim Jahresabschluß in der Bilanz zu aktivieren.

Aufgaben 77 und 78

Konten

EBK, Wareneingang, Forderungen a. LL, Bank, Vorsteuer, Umsatzsteuer, Eigenkapital, Verbindlichkeiten a. LL, Warenbestand, Warenverkauf, GuV, SBK.

Anfangsbestände	77 DM	78 DM
Warenbestand	10 000,—	8 000,—
Forderungen a. LL	1 000,—	500,—
Bankguthaben	3 000,—	1 400,—
Verbindlichkeiten a. LL	1 600,—	1 200,—
Eigenkapital	?	?

Geschäftsfälle

1. Wareneinkauf auf Ziel		
Warenpreis (Nettowert)	800,—	700,—
+ 15 % USt	120,—	105,—
Rechnungsbetrag (Bruttowert)	920,—	805,—
2. Warenverkauf auf Ziel		
Warenpreis (Nettowert)	500,—	400,—
+ 15 % USt	75,—	60,—
Rechnungsbetrag (Bruttowert)	575,—	460,—
3. Warenverkauf gegen Bankscheck		
Warenpreis (Nettowert)	600,—	550,—
+ 15 % USt	90,—	82,50
Rechnungsbetrag (Bruttowert)	690,—	632,50
4. Ausgleich der Liefererrechnung über (Geschäftsfall 1.) durch Banküberweisung	920,—	805,—
5. Der Kunde gleicht die Rechnung über (Geschäftsfall 2.) durch Banküberweisung aus	575,—	460,—
6. Banküberweisung der fälligen Umsatzsteuer (Zahllast) an das Finanzamt	?	?

Abschlußangaben

Warenbestand lt. Inventur (Bruttoabschlußverfahren)	10 100,—	8 200,—

Aufgaben 79 und 80

Konten

EBK, Geschäftausstattung, Warenbestand, Forderungen a. LL, Bank, Kasse, Vorsteuer, Eigenkapital, Verbindlichkeiten a. LL, Umsatzsteuer, Wareneingang, Personalkosten, Mieten, AVK, Warenverkauf, GuV, SBK.

Anfangsbestände	79 DM	80 DM
Geschäftsausstattung	13 000,—	7 000,—
Warenbestand	24 000,—	15 000,—
Forderungen a. LL	4 200,—	2 500,—
Bankguthaben	3 000,—	2 000,—
Kasse	900,—	870,—
Verbindlichkeiten a. LL	4 400,—	4 500,—
Umsatzsteuer	700,—	500,—
Eigenkapital	?	?
Geschäftsfälle		
1. Wareneinkauf auf Ziel		
Warenpreis, netto	2 600,—	1 500,—
+ 15 % USt	390,—	225,—
Rechnungsbetrag, brutto	2 990,—	1 725,—
2. Mietzahlung bar	480,—	460,—
3. Warenverkäufe auf Ziel		
Warenpreis, netto	4 200,—	4 100,—
+ 15 % USt	630,—	615,—
Rechnungsbetrag, brutto	4 830,—	4 715,—
4. Banküberweisung der Umsatzsteuer des Vormonats	700,—	500,—
5. Warenverkauf bar		
Warenpreis, netto	1 800,—	1 600,—
+ 15 % USt	270,—	240,—
Rechnungsbetrag, brutto	2 070,—	1 840,—
6. Gehaltszahlung bar	680,—	620,—
7. Banküberweisung der Telefongebühren	188,—	178,—
USt-Anteil	3,—	3,—
8. Bareinkauf von Büromaterial, netto	40,—	30,—
+ 15 % USt	6,—	4,50
Rechnungsbetrag, brutto	46,—	34,50
Abschlußangaben		
1. Ermittlung und Passivierung der Zahllast.		
2. Warenendbestand lt. Inventur (Nettoabschlußverfahren)	23 000,—	13 200,—

Aufgabe 81

Ein Großhandelsbetrieb, der der 15 %igen Umsatzsteuer unterliegt, hat im Juni 19. . 220 000,— DM steuerpflichtige Netto-Einkäufe lt. Eingangsrechnungen getätigt. Im gleichen Zeitraum verkaufte er für 670 000,— DM (= Nettowerte lt. Ausgangsrechnungen) Waren; davon betrug der Exportanteil 40 %.
Ermitteln Sie die Zahllast des Großhandelsbetriebes im Monat Juni!

Aufgabe 82

Bilden Sie zu folgenden Geschäftsfällen die Buchungssätze und ermitteln Sie
a) die Umsatzsteuerschuld,
b) die Vorsteuer,
c) die Umsatzsteuerzahllast!

Geschäftsfälle	DM	DM
1. Wareneinkäufe auf Ziel, ER 207-235, netto	65 000,—	
+ 15 % USt	9 750,—	74 750,—
2. Verkäufe von Waren auf Ziel, AR 604-665, netto	142 000,—	
+ 15 % USt	21 300,—	163 300,—
3. Kauf von Büromaterial, ER 236, netto	240,—	
+ 15 %	36,—	276,—
4. Kauf einer Rechenmaschine, ER 237, netto	1 400,—	
+ 15 % USt	210,—	1 610,—
5. Warenverkäufe bar, AR 666-670, netto	3 400,—	
+ 15 % USt	510,—	3 910,—

Die abnutzbaren Güter des Anlagevermögens (s. S. 12) unterliegen aufgrund des Gebrauchs, der technischen und wirtschaftlichen Überholung einem ständigen Werteverfall.

6 Die Abschreibungen

6.1 Notwendigkeit der Abschreibung

Die jährliche Wertminderung durch Abnutzung wird durch die Abschreibung erfaßt (laut Einkommensteuergesetz: Absetzung für Abnutzung = AfA).

Abschreibungen sind Aufwendungen. Sie werden am Ende eines jeden Jahres auf dem **Aufwandskonto „Abschreibungen“** gesammelt.

6.2 Berechnung des Abschreibungsbetrages und Buchung

Die Höhe des jährlichen Abschreibungsbetrages richtet sich nach der Nutzungsdauer des Anlagegegenstandes und nach der Abschreibungsmethode.

Beispiel

Maschine, Anschaffungswert 10 000,— DM, Nutzungsdauer 10 Jahre.

1. **Abschreibung vom Anschaffungs- oder Herstellungswert**

   = lineare Abschreibung, gleichbleibende Abschreibungsbeträge

Abschreibungsbetrag =

$$\frac{\text{Anschaffungswert}}{\text{Nutzungsdauer}} = \frac{10\,000}{10} = \underline{\underline{1\,000,\!— \text{ DM}}}$$

2. **Abschreibung vom Buch- oder Restwert**

   = degressive Abschreibung, fallende Abschreibungsbeträge

Abschreibungsbetrag =
fester Satz (%) vom Buchwert:
zur Zeit höchstens 30 %

linear		degressiv
10 000,— DM	Anschaffungswert	10 000,— DM
1 000,— DM	— Abschreibung nach dem 1. Jahr	3 000,— DM
9 000,— DM	= Buchwert nach dem 1. Jahr	7 000,— DM
1 000,— DM	— Abschreibung nach dem 2. Jahr	2 100,— DM
8 000,— DM	= Buchwert nach dem 2. Jahr	4 900,— DM
1 000,— DM	— Abschreibung nach dem 3. Jahr	1 470,— DM
7 000,— DM	= Buch- oder Restwert usw.	3 430,— DM

Nach 10 Jahren ist die Maschine abgeschrieben. Soll sie dem Unternehmen über die geschätzte Nutzungsdauer von 10 Jahren dienen, so muß sie mit dem **Erinnerungswert** von 1,— DM im Inventar erscheinen. Am Ende des 10. Jahres dürfen nur 999,— DM abgeschrieben werden.

Der Nullwert wird nicht erreicht, da der Abschreibungsbetrag von Jahr zu Jahr kleiner wird. Soll der Nullwert erreicht werden, muß der Betrieb zur linearen Methode übergehen.

Buchung des Abschreibungsbetrages am Ende des 1. Jahres bei linearer Abschreibung und Abschluß der Konten

Buchung:

Abschreibung an Maschinen 1 000,– DM

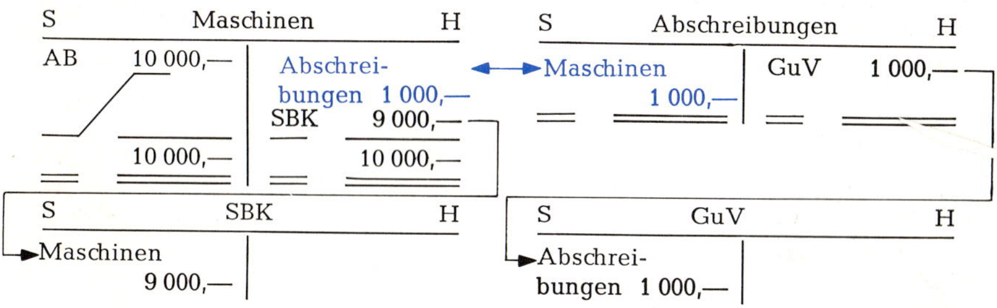

6.3 Bedeutung der Abschreibung: Auswertung

Durch die Abschreibung werden die Anschaffungskosten eines Anlagegegenstandes auf die Jahre der Nutzung verteilt. Einerseits wird mit Hilfe der Abschreibungen der Wert der Betriebsmittel korrigiert, andererseits wird der Werteverzehr als Aufwand erfaßt und gegenüber der Finanzverwaltung geltend gemacht.

> Die jährlichen Abschreibungsbeträge werden in den Verkaufspreis einkalkuliert. Durch die Verkaufserlöse erhält der Betrieb somit die Geldmittel für die Neuanschaffung des Anlagegegenstandes.

6.4 Begrenzte Abschreibungssätze

Die Bundesfinanzverwaltung hat Abschreibungstabellen herausgegeben, in denen Richtsätze für alle Bereiche des Anlagevermögens enthalten sind:

Unbebaute Grundstücke	0%
Betriebs- und Verwaltungsgebäude	2— 4%
Wohngebäude	2%
Betriebs- und Geschäftsausstattung	10%
Büromaschinen	10—30%
LKW	25—33%
PKW	20—30%

Aufgabe 83

Konten

Fuhrpark, Abschreibung.

Fuhrpark . . . . . 60 000,— DM

25% Abschreibung vom Anschaffungswert 80 000,— DM.

Schließen Sie die Konten ab!

Aufgabe 84

Konten

Geschäftsausstattung, Abschreibung.

Geschäftsausstattung . . 8 000,— DM

Barkauf einer Rechenmaschine 900,— DM, 15% Abschreibung vom Buchwert 8 900,— DM.

Schließen Sie die Konten ab!

Aufgabe 85

Geschäftsausstattung . . 11 600,— DM

Barverkauf einer gebrauchten Schreibmaschine 150,— DM, Barkauf einer elektrischen Schreibmaschine 1 050,— DM, Endbestand laut Inventur 11 000,— DM.

Führen Sie die Abschreibung durch!

Aufgaben 86 und 87

Konten

EBK, Fuhrpark, Maschinen, Geschäftsausstattung, Warenbestand, Forderungen a. LL, Bank, Postgiro, Kasse, Vorsteuer, Eigenkapital, Darlehnsschulden, Verbindlichkeiten a. LL, Umsatzsteuer, Mieten, AVK, Abschreibungen, Wareneingang, Warenverkauf, GuV, SBK.

Anfangsbestände	**86** DM	**87** DM
Fuhrpark	7 000,—	8 000,—
Maschinen	6 000,—	4 000,—
Geschäftsausstattung	10 000,—	8 000,—
Warenbestand	25 000,—	18 000,—
Forderungen a. LL	5 000,—	4 500,—
Bankguthaben	4 000,—	3 800,—
Postgiro	2 400,—	2 500,—
Kasse	1 950,—	1 260,—
Darlehnsschulden	10 000,—	6 000,—
Verbindlichkeiten a. LL	6 800,—	5 500,—
Eigenkapital	?	?

Geschäftsfälle

1. Wareneinkauf auf Ziel		
Warenpreis (Nettowert)	2 500,—	2 100,—
+ 15 % USt	375,—	315,—
2. Mietzahlung bar	180,—	160,—
3. Warenverkauf auf Ziel		
Warenpreis (Nettowert)	2 400,—	1 800,—
+ 15 % USt	360,—	270,—
4. Ausgleich der Telefonrechnung durch Banküberweisung	97,—	82,—
USt-Anteil	2,—	2,—
5. Einkauf von Waren gegen Bankscheck		
Warenpreis (Nettowert)	1 100,—	870,—
+ 15 % USt	165,—	130,50
6. Ein Kunde gleicht eine Rechnung aus		
durch Banküberweisung	1 800,—	1 200,—
durch Postüberweisung	840,—	780,—
7. Warenverkauf		
auf Ziel, Warenpreis	1 360,—	975,—
+ 15 % USt	204,—	146,25
gegen Bankscheck, Warenpreis	840,—	540,—
+ 15 % USt	126,—	81,—
bar, Warenpreis	300,—	185,—
+ 15 % USt	45,—	27,75
8. Briefmarkeneinkauf bar	20,—	40,—
9. Rückzahlung eines Darlehns durch Postüberweisung	1 500,—	1 200,—
10. Kauf von Büromaterial bar		
Nettowert	60,—	80,—
+ 15 % USt	9,—	12,—
11. Ausgleich einer Liefererrechnung durch Banküberweisung	1 425,—	1 265,—
12. Banküberweisung der Umsatzsteuer an das Finanzamt	?	?

Abschlußangaben		86 DM	87 DM
1. Warenbestand laut Inventur (Bruttoabschlußverfahren)		25 600,—	18 970,—
2. Abschreibung von den Anschaffungswerten			
Fuhrpark	20% von	8 000,—	10 000,—
Maschinen	10% von	6 000,—	5 000,—
Geschäftsausstattung	10% von	11 000,—	9 000,—

Aufgabe 88

Bilanzauszüge

Nutzungsjahre

Anlagen	1	2	3	4
1. Gebäude	250 000,—	245 000,—	240 000,—	
2. Maschinen	200 000,—	160 000,—	128 000,—	
3. Fuhrpark	180 000,—	144 000,—	108 000,—	
4. Geschäftsausstattung	60 000,—	54 000,—	48 000,—	

a) Welches Abschreibungsverfahren wurde in den einzelnen Fällen gewählt (in den ersten 3 Nutzungsjahren erfolgten keine Zugänge) und welcher Abschreibungssatz?

b) Bestimmen Sie die Nutzungsdauer der Anlagegruppen 1, 3 und 4!

c) Ermitteln Sie am Ende des 4. Jahres
(1) Abschreibungsbetrag und
(2) Buchwert
der einzelnen Anlagengruppen!

Aufgabe 89

Anschaffungswert einer Maschine 250 000,— DM, Nutzungsdauer 10 Jahre, degressive Abschreibung 20%.

a) Stellen Sie einen Abschreibungsplan für die ersten vier Nutzungsjahre auf, aus dem Buchwerte und Abschreibungsbeträge der einzelnen Jahre hervorgehen.

b) Stellen Sie die Entwicklung von Buchwert und Abschreibungsbetrag in einem Diagramm dar.

Aufgabe 90

Bilanzauszüge

	1. Jahr	2. Jahr	3. Jahr
Fuhrpark	200 000,—	150 000,—	100 000,—
Geschäftsausstattung	80 000,—	64 000,—	51 200,—

1. Bestimmen Sie in beiden Fällen,
   a) welcher Abschreibungssatz,
   b) welche Abschreibungsmethode
   der Abschreibung zugrunde liegt. Im Laufe der Jahre wurden keine Zu- und Abgänge erfaßt.
2. Welche durchschnittliche Nutzungsdauer wird dem Fuhrpark zugrunde gelegt?

Aufgabe 91

1. Warum hat die Finanzverwaltung Abschreibungsrichtsätze festgelegt?
2. Wie wirkt sich ein hoher Abschreibungssatz auf die Preise und den Reingewinn des Unternehmens aus?
3. Welche Vorteile hat die lineare Abschreibung gegenüber der degressiven für die Kalkulation?

7 Das Privatkonto

Zu seinem Lebensunterhalt entnimmt der Unternehmer Geld aus seinem Betrieb. **Geldentnahmen** sind auch alle Zahlungen an Dritte, soweit sie vom Unternehmer persönlich zu leisten sind, wie Überweisungen von Miete für die Privatwohnung, Telefongebühren für den Privatanschluß, Einkommen- und Kirchensteuer des Inhabers, Vermögensteuer, Kranken- und Lebensversicherungsbeiträge des Inhabers, Spenden an gemeinnützige Einrichtungen u. a.

Darüber hinaus entnimmt er Stoffe, Erzeugnisse und Handelswaren, nutzt er betriebliche Anlagen (z. B. Pkw) und nimmt er betriebliche Leistungen (z. B. ein Arbeiter des Betriebes pflegt den Garten des Unternehmers) für private Zwecke in Anspruch **(Eigenverbrauch).**

Andererseits bringt der Geschäftsinhaber von Zeit zu Zeit neues Kapital in seinen Betrieb **(Privateinlagen).**

Privatentnahmen und **Privateinlagen** werden auf entsprechenden Unterkonten des Eigenkapitalkontos erfaßt.

1. Privatentnahmen vermindern das Eigenkapital (Sollseite des Privatentnahmekontos).
2. Privateinlagen vermehren das Eigenkapital (Habenseite des Privateinlagenkontos).

Beispiele

		Buchung	
1. Privatentnahme bar	3 600,— DM	Privatentnahme	an Kasse
2. Privateinlage bar	1 000,— DM	Kasse	an Privateinlage

Nach § 1 UStG unterliegen Privatentnahmen, soweit sie **Eigenverbrauch** sind, der Umsatzsteuer. Es sind Umsätze im Sinne des UStG. Sie werden wie die Warenverkäufe auf Ertragskonten gebucht:

- Eigenverbrauch von Waren
- Eigenverbrauch von Leistungen
- Eigenverbrauch von Anlagegütern

Privatentnahmen

nicht umsatzsteuerpflichtig	umsatzsteuerpflichtig
Geldentnahmen Abhebungen und Überweisungen von betrieblichen Bankkonten für private Zwecke	**Eigenverbrauch** lt. § 1 Abs. 1 UStG – Entnahme von Gegenständen (Sachentnahmen) – private Nutzung von betrieblichen Gegenständen (Nutzungsentnahmen) – Inanspruchnahme von Dienstleistungen (Leistungsentnahmen) – Repräsentationsaufwendungen über 70,— DM (Geschenke an Geschäftsfreunde)

Durch die **Besteuerung des Eigenverbrauchs** soll verhindert werden, daß der Unternehmer Vorteile gegenüber anderen Verbrauchern hat, die entsprechende Gegenstände oder Leistungen einschließlich der darauf lastenden Umsatzsteuer erwerben müssen.

Der Eigenverbrauch unterliegt dabei immer dem gleichen Steuersatz wie entsprechende Leistungen an Dritte.

Beispiel 3

Privatentnahme von Waren, netto	1 900,—
+ 15 % USt	285,—
	2 185,—

Buchung

Privat	2 185,— DM	an Eigenverbrauch von Waren	1 900,— DM
		an Umsatzsteuer	285,— DM

Beispiel 4

Die private Nutzung des firmeneigenen Kraftwagens wird aufgrund des geführten Fahrtenbuches für den abgelaufenen Monat mit 800 km festgestellt. Bei einem Kilometerkostensatz von —,50 DM je km ergibt das einen zu buchenden Eigenverbrauch von 400,— DM.

Buchung

Privat	460,— DM	an Eigenverbrauch von Leistungen	400,— DM
		an Umsatzsteuer	60,— DM

Der Privatanteil an solchen Aufwendungen kann häufig nur geschätzt werden. Eine genaue Ermittlung ist mit Hilfe von Zählwerken (km-Zähler) und regelmäßigen Aufzeichnungen in besonderen Büchern (Fahrtenbuch) möglich.

S	Eigenkapital		H
Privat	6 245,—	EBK	30 000,—
SBK	34 755,—	Privateinlagen	1 000,—
		GuV	10 000,—
	41 000,—		41 000,—

S	Privatentnahmen		H
① Kasse	3 600,—	Eigenkapital	6 245,—
③ EV Waren USt	2 185,—		
④ EV Leistungen USt	460,—		
	6 245,—		6 245,—

S	GuV		H
Aufwendungen	15 000,—	Erträge	25 000,—
Eigenkapital	10 000,—		
	25 000,—		25 000,—

S	Privateinlagen		H
Eigenkapital	1 000,—	② Kasse	1 000,—

Die Privatkonten werden über das Eigenkapitalkonto abgeschlossen[1]).

Saldo	Buchung
Private Entnahmen	Eigenkapital an Privatentnahmen
Private Einlagen	Privateinlagen an Eigenkapital

1. Das GuV-Konto erfaßt die Eigenkapitalveränderungen durch die Arbeit der Unternehmung.
2. Die Privatkonten erfassen die Eigenkapitalveränderungen durch private Entnahmen und private Einlagen.

Aufgaben 92 und 93

Buchen Sie auf den Konten Eigenkapital, GuV und Privat:

	92	93
	DM	DM
Anfangskapital	23 000,—	45 000,—
Privatentnahme bar	6 000,—	8 500,—
Privatentnahmen von Waren, Nettowert	2 900,—	4 400,—
+ 15 % USt	435,—	660,—
Betriebliche Aufwendungen	13 000,—	19 700,—
Betriebliche Erträge	25 400,—	30 800,—

Schließen Sie die Konten ab! Errechnen Sie den Erfolg auch durch Kapitalvergleich!

1) In der Steuerbilanz ist die Kapitalentwicklung darzustellen: Anfangskapital + Einlagen — Entnahmen + Gewinn (bzw. — Verlust) = Endkapital.

Aufgabe 94

Die Buchführung eines Industriebetriebes gibt am Jahresende folgende Ergebnisse bekannt:

	DM
Vermögen	2 900 000,—
Schulden	600 000,—
Gewinn	400 000,—
Privatentnahmen	150 000,—
Privateinlagen	50 000,—

Ermitteln Sie das Eigenkapital a) am Ende des Jahres,
b) am Anfang des Jahres!

Aufgaben 95 und 96

Konten

EBK, Geschäftsausstattung, Warenbestand, Forderungen a. LL, Bank, Kasse, Vorsteuer, Eigenkapital, Verbindlichkeiten a. LL, Umsatzsteuer, Privatentnahmen, Wareneingang, Mieten, Energie, AVK, Abschreibungen, Warenverkauf, Eigenverbrauch von Waren, GuV, SBK.

	95	96
Anfangsbestände	DM	DM
Geschäftsausstattung	5 000,—	7 500,—
Warenbestand	9 500,—	11 600,—
Forderungen a. LL	2 100,—	3 400,—
Bankguthaben	2 240,—	2 635,—
Kasse	960,—	1 176,—
Verbindlichkeiten a. LL	2 900,—	3 790,—
Eigenkapital	?	?

Geschäftsfälle

	95	96
1. Warenverkauf auf Ziel		
Warenpreis (Nettowert)	2 100,—	2 240,—
+ 15 % USt	315,—	336,—
2. Briefmarkeneinkauf bar	10,—	15,—
3. Banküberweisung der Miete		
für das Geschäft	120,—	125,—
für die Privatwohnung	115,—	135,—
4. Warenverkauf auf Ziel		
(Nettowert)	2 940,—	1 850,—
+ 15 % USt	441,—	277,50
bar		
(Nettowert)	300,—	400,—
+ 15 % USt	45,—	60,—
gegen Bankscheck		
(Nettowert)	1 660,—	1 550,—
+ 15 % USt	249,—	232,50
5. Ausgleich der Licht- und Heizungsrechnung durch Banküberweisung		
(Nettowert)	70,—	90,—
+ 15 % USt	10,50	13,50

6. Privatentnahme von Waren		
Warenpreis (Nettowert)	100,—	120,—
+ 15 % USt	15,—	18,—
7. Wareneinkauf auf Ziel		
Warenpreis (Nettowert)	1 400,—	1 500,—
+ 15 % USt	210,—	225,—
8. Ein Kunde überweist auf unser Bankkonto	1 700,—	1 682,—
9. Banküberweisung der Umsatzsteuer an das Finanzamt	?	?

Abschlußangaben

1. Warenendbestand laut Inventur (Nettoabschlußverfahren)	6 575,—	8 972,—
2. Abschreibung auf Geschäftsausstattung, 10% vom Anschaffungswert	5 600,—	8 300,—

Auswertung

Berechnen Sie den Erfolg in beiden Aufgaben auch durch Kapitalvergleich!

Aufgaben 97 und 98

Konten

EBK, Geschäftsausstattung, Warenbestand, Bank, Kasse, Vorsteuer, Eigenkapital, Verbindlichkeiten a. LL, Umsatzsteuer, Privatentnahmen, AVK, Abschreibungen, Wareneingang, Warenverkauf, GuV, SBK.

	97	98
Anfangsbestände	DM	DM
Geschäftsausstattung	2 000,—	3 500,—
Warenbestand	5 400,—	6 850,—
Bankguthaben	1 710,—	1 615,—
Kasse	840,—	916,—
Verbindlichkeiten a. LL	1 975,—	2 265,—
Eigenkapital	?	?

Geschäftsfälle

1. Verkauf von Waren bar		
Warenpreis (Nettowert)	600,—	510,—
+ 15 % USt	90,—	76,50
gegen Bankscheck		
Warenpreis (Nettowert)	3 200,—	2 930,—
+ 15 % USt	480,—	439,50
2. Privatentnahme bar	500,—	600,—
3. Zahlung der Einkommensteuer und Kirchensteuer durch Banküberweisung	110,—	165,—
4. Einkauf von Büromaterial bar		
Nettowert	65,—	75,—
+ 15 % USt	9,75	11,25
5. Ausgleich einer Liefererrechnung durch Banküberweisung	1 210,—	1 320,—
6. Überweisung der Umsatzsteuer an das Finanzamt	?	?

Abschlußangaben	DM	DM
1. Warenendbestand lt. Inventur (Bruttoabschlußverfahren)	3 400,—	4 500,—
2. Abschreibung auf Geschäftsausstattung	250,—	500,—

Aufgabe 99

Bilden Sie die Buchungssätze zu folgenden Geschäftsfällen:	DM
1. Privatentnahme bar	2 000,—
2. Banküberweisung der Umsatzsteuerzahllast	1 800,—
Banküberweisung der Einkommensteuer des Inhabers	1 500,—
3. Postüberweisung der Telefongebühren	820,—
Davon entfallen 180,— DM auf den Privatanschluß.	
4. Privatentnahme von Waren, netto	500,—
+ 15 % USt	75,—
5. Bareinkauf eines Pkw's für Privatzwecke	12 400,—
+ 15 % USt	1 860,—
6. Von den Pkw-Aufwendungen wurden durch Privatfahrten verursacht:	
Inspektionen, Reparaturen	300,—
Benzin, Öl	140,—
Abschreibungen	100,—
Umsatzsteuerpflichtiger Eigenverbrauch!	
7. Banküberweisung der Lebensversicherung des Inhabers	3 500,—
8. Bareinkauf von Heizöl für die Privatwohnung, netto	1 000,—
+ 15 % USt	150,—
9. Bareinlage des Inhabers	5 000,—
10. Spende an das Rote Kreuz bar	200,—

8 Organisation der doppelten Buchführung

8.1 Buchführung und Kontenrahmen

8.1.1 Notwendigkeit des Kontenrahmens

Durch die Aufzeichnung aller Geschäftsfälle wird die Buchführung zur Kontrollstation unternehmerischer Tätigkeit.

Vergleiche mit früheren Rechnungszeiträumen (Zeitvergleich) und mit anderen Betrieben (Betriebsvergleich) ermöglichen die Beurteilung der betrieblichen Entwicklung und der Stellung des eigenen Unternehmens gegenüber anderen.

Solche Vergleiche setzen voraus, daß

- die Geschäftsfälle von Rechnungsjahr zu Rechnungsjahr nach den gleichen Gesichtspunkten erfaßt werden und
- daß die Buchführung nach einheitlichen Grundsätzen organisiert wird und die Geschäftsfälle überall auf den gleichen Konten gebucht werden.

Auf dieser Grundidee fußen die **„Richtlinien zur Organisation der Buchführung"** vom 11. 11. 1937, mit denen ein zunächst verbindlicher Organisationsplan der Buchführung herausgegeben wurde, der **„Muster-"** oder **„Erlaßkontenrahmen"**.

Die einzelnen Wirtschaftsverbände haben aus dem „Musterkontenrahmen" eigene Kontenrahmen entwickelt, die den besonderen Anforderungen ihrer

Geschäftszweige gerecht werden. Sie bilden den Rahmen, in den alle Konten, die bei den einzelnen Betrieben des gleichen Wirtschaftszweiges notwendig sind, eingeordnet werden.

Die wichtigsten sind:

der **Einzelhandelskontenrahmen** (EKR) des Hauptverbandes des Deutschen Einzelhandels,
der **Kontenrahmen** für den **Groß- und Außenhandel**,
der **Industriekontenrahmen** (IKR).

8.1.2 Der Aufbau der Kontenrahmen

Die Kontenrahmen sind nach dem Dewey'schen Zahlensystem aufgebaut. Die Konten werden in 10 Kontenklassen unterteilt:

Konten-klasse	**Einzelhandel** EKR	**Großhandel**	**Industrie** IKR
0	Immaterielle Vermögensgegenstände und Sachanlagen	Anlage und Kapitalkonten	Immaterielle Vermögensgegenstände und Sachanlagen
1	Finanzanlagen	Finanzkonten	Finanzanlagen
2	Umlaufvermögen und aktive Rechnungsabgrenzung	Abgrenzungskonten	Umlaufvermögen und aktive Rechnungsabgrenzung
3	Eigenkapital und Rückstellungen	Wareneinkaufs- und Bestandskonten	Eigenkapital und Rückstellungen
4	Verbindlichkeiten und passive Rechnungsabgrenzung	Konten der Kostenarten	Verbindlichkeiten und passive Rechnungsabgrenzungsposten
5	Erträge	Konten der Kostenstellen	Erträge
6	Betriebliche Aufwendungen	Konten für Umsatzkostenverfahren	Betriebliche Aufwendungen
7	Weitere Aufwendungen	frei	Weitere Aufwendungen
8	Ergebnisrechnungen	Warenverkaufskonten (Umsatzerlöse)	Eröffnung und Abschluß
9	Kosten- und Leistungsrechnung	Abschlußkonten	Kostenrechnung

Jede Kontenklasse (einstellig) wird in **10 Kontengruppen** (zweistellig) unterteilt, jede Kontengruppe wieder in **10 Kontenarten** (dreistellig) und diese schließlich noch in **10 Kontenunterarten** (vierstellig)[1])

[1]) Siehe Kontenrahmen S. 161 ff.

Beispiel nach dem Großhandelsunternehmen

Kontenklasse	0	Anlage- und Kapitalkonten
Kontengruppe	00	Bebaute Grundstücke
Kontenart	000	Verwaltungsgebäude
Kontenart	001	Lagergebäude
Kontenunterart	0010	Lager I
Kontenunterart	0011	Lager II
Kontengruppe	01	Unbebaute Grundstücke

Die Reihenfolge der Kontenklassen richtet sich, abgesehen vom Industriekontenrahmen (IKR), nach dem Ablauf des Betriebsgeschehens, dem **Prozeßgliederungsprinzip.**

Der im Jahre 1971 vom **Bundesverband der deutschen Industrie** (BDI) herausgegebene IKR

- trennt die Geschäftsbuchführung (Klassen 0—8) von der Kostenrechnung (Klasse 9) und
- ordnet und gliedert die Konten und Kontenklassen nach den Gliederungsvorschriften des Jahresabschlusses für Kapitalgesellschaften gem. §§ 266 und 275 HGB **(Abschlußgliederungsprinzip).**

Die Kontenklassen 0, 1, 2 enthalten die aktiven,
die Kontenklassen 3, 4 die passiven Bestandskonten.

Die Salden der Kontenklassen 0–4 werden beim Jahresabschluß in das Schlußbilanzkonto übernommen.

Die Kontenklasse 5 enthält alle Ertragskonten, in den Kontenklassen 6 und 7 stehen die Aufwandskonten.

Die Salden der Kontenklassen 5–7 werden beim Jahresabschluß in die GuV-Rechnung übernommen.

Aktive Bestands-konten	Soll	Schlußbilanzkonto Haben	Passive Bestands-konten
0	Immaterielle Vermögensgegenstände und Sachanlagen	Eigenkapital und Rückstellungen	3
1	Finanzanlagen		
2	Vorräte, Forderungen, Flüssige Mittel und aktive Rechnungsabgrenzungsposten	Verbindlichkeiten und passive Rechnungsabgrenzungsposten	4

Aufwands-konten	Soll	GuV / Haben	Ertrags-konten
6	Material- und Personalaufwendungen, sonstige betriebliche Aufwendungen	Umsatzerlöse Bestandsveränderungen Sonstige Erträge	5
7	Steuern, Zinsen		

8.1.3 Kontenrahmen und Kontenplan

Jeder Betrieb stellt sich einen Plan über die Konten auf, die er für seine Buchführung braucht. Es ist der **Kontenplan.** Er enthält nur die Konten, die vom einzelnen Betrieb tatsächlich geführt werden. Dabei muß der Betrieb sich an die Kennziffern (Symbole) im Kontenrahmen halten.

8.1.4 Bedeutung der Kontenrahmen

1. Die Buchführung wird in allen Betrieben vereinfacht und einheitlich gestaltet (Rationalisierung).
2. Die Konten werden nach ihrem Inhalt eindeutig bezeichnet und scharf gegeneinander abgegrenzt.
3. Durch genaue und getrennte Erfassung der Aufwendungen und Erträge wird eine zuverlässige Grundlage für die Kalkulation geschaffen.
4. Die einheitliche Darstellung ermöglicht Betriebs- und Zeitvergleiche und erhöht so die Wirtschaftlichkeit der Betriebe.

Aufgaben nach dem Großhandelskontenrahmen[1])

Aufgabe 100

1. Sprechen Sie über das Betriebsgeschehen in Anlehnung an den Kontenrahmen des Großhandels!
2. Welche Konten interessieren den Unternehmer bei einem Vergleich besonders?
3. Ordnen Sie die Ihnen bekannten Konten in den Kontenrahmen des Großhandels ein!

Aufgabe 101

Bilden Sie mit Hilfe der Kontennummern des Kontenrahmens des Großhandels die Buchungssätze zu folgenden Geschäftsfällen:

	DM
1. Wareneinkauf bar, netto	300,—
+ 15 % USt	45,—
2. Ein Kunde zahlt durch Banküberweisung	540,—
3. Ausgleich einer Liefererrechnung durch Postüberweisung	860,—
4. Privatentnahme bar	150,—
5. Kauf einer Schreibmaschine bar Nettowert	640,—
6. + 15 % USt	96,—

[1]) Siehe Anhang

		DM
6.	Tilgung eines Darlehns durch Banküberweisung	1 000,—
7.	Gehaltszahlung bar	860,—
8.	Mietzahlung bar	120,—
9.	Ausgleich der Telefonrechnung durch Postüberweisung	95,—
	USt-Anteil	4,—
10.	Zahlung der Gewerbesteuer durch Banküberweisung	134,—
11.	Barzahlung für Werbedrucksachen	
	Nettowert	90,—
	+ 15 % USt	13,50
12.	Wareneinkauf auf Ziel	
	Warenpreis (Nettowert)	800,—
	+ 15 % USt	120,—
	Bruttowert	920,—
13.	Barzahlung für Benzin	
	Nettowert	70,—
	+ 15 % USt	10,50
14.	Warenverkauf auf Ziel	
	Nettowert	750,—
	+ 15 % USt	112,50
15.	Warenverkauf bar	
	Warenpreis (Nettowert)	300,—
	+ 15 % USt	45,—
	Bruttowert	345,—
16.	Abschluß des Kontos Vorsteuer	88,—
17.	Banküberweisung der Umsatzsteuer an das Finanzamt	121,—
18.	Buchung des Warenendbestandes lt. Inventur	8 400,—
19.	Abschluß des Kontos GuV bei Gewinn	2 500,—
20.	Abschluß des Eigenkapitalkontos	27 000,—

Aufgabe 102

Welche Geschäftsfälle liegen folgenden Buchungssätzen zugrunde?

1.	131	an	10	10.	49	an	03
2.	171	an	132	11.	131	an	10
3.	40	an	151	12.	171	an	131
4.	48	an	151	13.	41	an	131
5.	03			14.	47		
	14	an	131		14	an	151
6.	08	an	131	15.	94	an	39
7.	44			16.	801	an	301
	14	an	151	17.	161	an	801
8.	301					an	18
	14	an	171	18.	18	an	131
9.	10	an	801	19.	171	an	94
		an	18	20.	94	an	10

8.2 Zusammenfassende Darstellung der buchhalterischen Arbeiten im Laufe des Jahres (Arbeitsablaufplan)

8.2.1 Eröffnung

1. Aufstellung der Eröffnungsbilanz im Bilanzbuch auf Grund der Inventur.
2. Eröffnung der Konten im Hauptbuch.
3. Übertragung der Anfangsbestände auf Bestandskonten.

Buchungssätze

Aktivkonten an EBK (91)
EBK (91) an Passivkonten

8.2.2 Buchung der Geschäftsfälle

1. im Grundbuch,
2. im Hauptbuch.

8.2.3 Abschluß

1. Aufstellung der Schlußbilanz im Bilanzbuch auf Grund der Inventur,
2. Abschluß der Konten.

Beim Abschluß der Konten sind die Umbuchungen von den eigentlichen Abschlußbuchungen zu unterscheiden.

8.2.3.1 Umbuchungen (Vorbereitende Abschlußbuchungen)

Durch die Umbuchungen werden bestimmte Konten für den Abschluß vorbereitet.

Dazu gehören folgende Vorgänge:

① Berechnung und Buchung der Warenbestandsveränderungen.

Buchungssatz

1. bei Bestandsmehrung:

39 Warenbestand	an	301 Wareneingang

2. bei Bestandsminderung:

301 Wareneingang	an	39 Warenbestand

② Buchung der Wertminderung des Anlagevermögens

Buchungssatz

Abschreibungen an Konten des Anlagevermögens

③ Abschluß der Privatkonten und Übertragung der Salden auf das Eigenkapitalkonto.

Buchungssatz

06 Eigenkapital	an	161 Privatentnahmen
162 Privateinlagen	an	06 Eigenkapital

④ Abschluß des Kontos Vorsteuer und Übertragung des Saldos auf das Konto Umsatzsteuer.

Buchungssatz

18 Umsatzsteuer an 14 Vorsteuer

8.2.3.2 Abschlußbuchungen

① Abschluß der Erfolgskonten

Buchungssätze

GuV an Aufwandskonten
Ertragskonten an GuV

② Übertragung des Jahreserfolges auf das Kapitalkonto.

Buchungssätze

bei Reingewinn: 93 GuV an 06 Eigenkapital
bei Reinverlust: 06 Eigenkapital an 93 GuV

③ Abschluß der Bestandskonten und Übertragung der Salden auf das Schlußbilanzkonto.

Buchungssätze

SBK (94) an Aktivposten
Passivkonten an SBK (94)

Aufgaben 103 und 104

Kontenplan

03, 06, 10, 131, 14, 151, 161, 171, 18, 301, 39, 40, 41, 48, 49, 801, 91, 93, 94.

	103	**104**
Anfangsbestände	DM	DM
Geschäftsausstattung	3 400,—	4 200,—
Warenbestand	8 490,—	11 540,—
Forderungen a. LL	2 100,—	2 350,—
Bankguthaben	2 230,—	1 960,—
Kasse	945,—	1 075,—
Verbindlichkeiten a. LL	3 335,—	3 600,—
Umsatzsteuer	700,—	800,—
Eigenkapital	?	?

	103	104
	DM	DM
Geschäftsfälle		
1. Wareneinkauf auf Ziel		
Nettowert	940,—	835,—
+ 15 % USt	141,—	125,25
2. Warenverkauf auf Ziel		
Nettowert	1 765,—	1 975,—
+ 15 % USt	264,75	296,25
3. Barkauf von Büromaterial		
Nettowert	68,—	93,—
+ 15 % USt	10,20	13,95
4. Banküberweisung der USt des Vormonats an das Finanzamt	700,—	800,—
5. Privatentnahme bar	120,—	160,—
6. Warenverkauf bar		
Nettowert	340,—	415,—
+ 15 % USt	51,—	62,25
7. Gehaltszahlung bar	410,—	430,—
8. Ein Kunde überweist durch Bank	850,—	900,—
9. Mietzahlung bar	110,—	115,—
10. Ausgleich einer Liefererrechnung durch Banküberweisung	1 100,—	1 200,—
11. Warenverkauf auf Ziel		
Nettowert	1 200,—	1 300,—
+ 15 % USt	180,—	195,—
Abschlußangaben		
1. Warenendbestand lt. Inventur (Nettoabschlußverfahren)	8 500,—	11 200,—
2. Abschreibung der Geschäftsausstattung vom Buchwert	5%	10%
3. Feststellung der Zahllast gegenüber dem Finanzamt und Abschluß des Kontos Umsatzsteuer über SBK		

Aufgaben105 und 106

Kontenplan

033, 034, 06, 082, 10, 131, 132, 14, 151, 161, 171, 18, 301, 39, 40, 41, 42, 43, 44, 46, 47, 48, 49, 801, 871, 91, 93, 941.

	105	106
Anfangsbestände	DM	DM
Fuhrpark	20 000,—	30 000,—
Betriebs- und Geschäftsausstattung	15 000,—	18 000,—
Warenbestand	54 000,—	76 500,—
Forderungen a. LL	8 600,—	9 430,—
Bankguthaben	6 280,—	8 500,—
Postgiro	2 400,—	3 160,—
Kasse	1 850,—	1 630,—
Darlehensschulden	15 000,—	12 000,—
Verbindlichkeiten a. LL	10 435,—	11 975,—
Eigenkapital	?	?

Tragen Sie die folgenden Geschäftsfälle vor der Buchung auf den Konten im Grundbuch ein (mit Buchungssätzen)!

Geschäftsfälle

	105 DM	106 DM
1. Warenverkäufe auf Ziel		
Warenpreise (Nettowert)	12 000,—	16 200,—
+ 15 % USt	1 800,—	2 430,—
2. Kunden begleichen Rechnungen durch Banküberweisung	8 540,—	9 190,—
3. Ausgleich der Telefonrechnung durch Postüberweisung	122,—	148,—
USt-Anteil	2,—	3,—
4. Lohnzahlung bar	650,—	860,—
5. Mietzahlung durch Postüberweisung	210,—	280,—
6. Zahlung der Handelskammerbeiträge durch Banküberweisung	50,—	80,—
7. Wareneinkäufe auf Ziel		
Warenpreise (Nettowert)	8 400,—	9 600,—
+ 15 % USt	1 260,—	1 440,—
gegen Bankscheck		
Warenpreise (Nettowert)	2 600,—	3 400,—
+ 15 % USt	390,—	510,—
8. Barzahlung für Werbeanzeigen		
netto	240,—	350,—
+ 15 % USt	36,—	52,50
9. Ausgleich von Liefererrechnungen durch Banküberweisungen	5 790,—	7 450,—
10. Privatentnahme		
bar	500,—	200,—
Waren		
Nettowert	800,—	700,—
+ 15 % USt	120,—	105,—
11. Warenverkäufe auf Ziel		
Nettowert	8 000,—	9 000,—
+ 15 % USt	1 200,—	1 350,—
12. Barzahlung für Ausgangsfracht einschl. 15 % USt.	74,75	109,25
13. Warenverkauf bar		
Nettowert	950,—	730,—
+ 15 % USt	142,50	109,50
14. Barzahlung für Benzin		
Nettowert	58,—	80,—
+ 15 % USt	8,70	12,—
15. Tilgung eines Darlehens durch Banküberweisung	3 000,—	2 500,—
16. Banküberweisung der Umsatzsteuer (Zahllast) an das Finanzamt	?	?

Abschlußangaben	105 DM	106 DM
1. Warenendbestand lt. Inventur (Bruttoabschluß) . .	50 500,—	74 677,50
2. Abschreibung vom Buchwert		
Fuhrpark	10%	15%
Betriebs- und Geschäftsausstattung	8%	10%

8.3 Die Betriebsübersicht

Durch Abschluß der Konten (die Übereinstimmung mit den Inventurzahlen wird unterstellt) erfährt der Unternehmer den Stand und die Zusammensetzung des Vermögens und des Kapitals (Bilanz). Das GuV-Konto weist den Erfolg aus.

Der Unternehmer will aber mehrmals im Laufe des Jahres (am Monatsende) und auch vor dem endgültigen Abschluß wissen, wie sich sein Betrieb entwickelt hat.

Ein übersichtliches Bild über Vermögens- und Kapitalaufbau, Aufwands- und Ertragsgestaltung erhält er durch die Betriebsübersicht, auch Bilanztafel, Bilanztabelle, Abschlußübersicht, oder Abschlußtafel genannt.

Die Betriebsübersicht umfaßt meistens **sechs Spalten:**

① Die Summenbilanz (Rohbilanz)

Sie entnimmt ihre Zahlenwerte den Konten. Von allen Konten werden die Summen der Soll- und Habenseiten gegenübergestellt. Die Summen enthalten die Anfangsbestände und die Bewegungs-, Umsatz- oder Verkehrszahlen, also die Eröffnungszahlen und die Veränderungen des vergangenen Rechnungsabschnittes. Da bei jeder Buchung Lastschrift und Gutschrift auf den Konten gleich sind, müssen die Gesamtsummen übereinstimmen (Bilanzgleichung!). Die Summenbilanz wird daher auch als **Probebilanz** bezeichnet, weil Rechen- und Buchungsfehler leicht festgestellt werden können. Ausnahmen: falsche Buchungssätze, falsche Zahlen im Soll **und** Haben, Unterlassung von Buchungen usw.

Die Summenbilanz zeigt die **Veränderungen** (Zu- und Abgänge) **der Bestände** (Vergleich mit der Bilanz); sie gibt **außerdem** eine genaue **Übersicht über Aufwendungen und Erträge.**

② **Saldenbilanz I (Restebilanz I)**

Sie übernimmt die Salden der Summenbilanz. Im Gegensatz zu den Konten steht der Saldo auf der wertmäßig stärkeren Seite.

Die Saldenbilanz zeigt die Höhe der **Bestände lt. Buchführung** (Soll-, Buch- oder Restbestände) **sowie** die **Kapitalveränderungen** durch Aufwendungen und Erträge des Betriebes und Privatennahmen bzw. -einlagen.

Bei richtiger Rechnung müssen beide Seiten der Saldenbilanz übereinstimmen.

③ **Umbuchungen**

Die Spalte „Umbuchungen" nimmt die vorbereitenden Abschlußbuchungen auf (siehe S. 89), durch die Unterkonten abgeschlossen und Abweichungen von Sollbeständen lt. Saldenbilanz I und Istbeständen lt. Inventur- oder Schlußbilanz ausgeglichen werden.

④ **Saldenbilanz II (Restebilanz II)**

Durch die vorbereitenden Abschlußbuchungen hat sich die Saldenbilanz I geändert. Diese Änderungen werden in der Saldenbilanz II berücksichtigt.

⑤ **Schlußbilanz**

Die Schlußbilanz enthält eine Abschrift der **Vermögens- und Kapitalwerte,** die durch Inventur festgestellt wurden. Abweichungen von den Sollbeständen lt. Saldenbilanz I lösen Umbuchungen aus. Durch Kapitalvergleich oder durch Gegenübestellung der Aufwendungen und Erträge wird der Erfolg festgestellt.

⑥ **Erfolgsbilanz**

Sie übernimmt **Aufwendungen und Erträge** aus der Saldenbilanz II. Die Aufwendungen (Kapitalminderungen) stehen links, die Erträge (Kapitalmehrungen) rechts. Die Differenz der beiden Seiten ist der Erfolg des Unternehmens: der Reingewinn oder der Reinverlust. Zur Herstellung der Bilanzgleichung wird der Erfolg auf der wertmäßig kleineren Seite eingetragen.

1. In der Betriebsübersicht sind alle Veränderungen im Laufe eines Jahres in gedrängter Form zu erkennen.
2. Sie gibt einen Überblick über Bestandsveränderungen gegenüber dem letzten Abschluß (Summenbilanz) und über den Stand des Vermögens und der Schulden (Schlußbilanz).
3. Sie weist Größe und Entstehung des Erfolges (Erfolgsbilanz) aus.

Beispiel

Betriebsübersicht

Konten	Summenbilanz		Saldenbilanz I		Umbuchungen		Saldenbilanz II		Schlußbilanz		Erfolgsbilanz	
	Soll	Haben	Soll	Haben	Soll	Haben	Soll	Haben	Aktiva	Passiva	Aufwand	Ertrag
03 Geschäftsausstattung	3 000,—	—	3 000,—	—	—	300,—	2 700,—	—	2 700,—	—	—	—
06 Eigenkapital	—	50 000,—	—	50 000,—	1 000,—	—	—	49 000,—	—	54 000,—	5 000,—	—
10 Forderungen a. LL	30 200,—	16 800,—	13 400,—	—	—	—	13 400,—	—	13 400,—	—	—	—
131 Bank	25 600,—	7 400,—	18 200,—	—	—	—	18 200,—	—	18 200,—	—	—	—
14 Vorsteuer	1 080,—	880,—	200,—	—	—	200,—	—	—	—	—	—	—
151 Kasse	10 800,—	6 200,—	4 600,—	—	—	—	4 600,—	—	4 600,—	—	—	—
161 Privatentnahmen	1 000,—	—	1 000,—	—	—	1 000,—	—	—	—	—	—	—
171 Verbindlichkeiten a. LL	18 500,—	29 800,—	—	11 300,—	—	—	—	11 300,—	—	11 300,—	—	—
18 Umsatzsteuer	2 000,—	2 800,—	—	800,—	200,—	—	—	600,—	—	600,—	—	—
301 Wareneingang	17 500,—	—	17 500,—	—	3 000,—	—	20 500,—	—	—	—	20 500,—	—
39 Warenbestand	30 000,—	—	30 000,—	—	—	3 000,—	27 000,—	—	27 000,—	—	—	—
40 Personalkosten	1 400,—	—	1 400,—	—	—	—	1 400,—	—	—	—	1 400,—	—
48 Allgemeine Verwaltungskosten	800,—	—	800,—	—	—	—	800,—	—	—	—	800,—	—
49 Abschreibungen	—	—	—	—	300,—	—	300,—	—	—	—	300,—	—
801 Warenverkauf	—	28 000,—	—	28 000,—	—	—	—	28 000,—	—	—	—	28 000,—
	141 880,—	141 880,—	90 100,—	90 100,—	4 500,—	4 500,—	88 900,—	88 900,—	65 900,—	65 900,—	28 000,—	28 000,—

Buchwerte | Angleichung der Soll- und Istwerte | Inventurwerte

Abschlußangaben

1. Abschreibung auf Geschäftsausstattung 10 %
2. Warenendbestand lt. Inventur 27 000,— DM

Erläuterung der vorbereitenden Abschlußbuchungen (Umbuchungen):

1. Abschluß des Privatentnahmekontos: 06 an 161
2. Abschreibung auf BuG: 49 an 03
3. Errechnung und Buchung der Warenbestandsveränderungen: 301 an 39
4. Abschluß des Vorsteuerkontos: 18 an 14

Die Zahlen der Betriebsübersicht dienen zu einem schnellen Abschluß der Konten (siehe Buchungssätze S. 93 f.) im Hauptbuch.

Aufgaben 107 und 108

107 Summenbilanz Januar – März 19 . . Soll	107 Haben	Konten	108 Summenbilanz Januar – März 19 . . Soll	108 Haben
13 000,—	–	03 Geschäftsausstattung	12 000,—	–
–	35 000,—	06 Eigenkapital	–	29 650,—
–	5 000,—	08 Darlehnsschulden	1 500,—	8 000,—
40 200,—	37 600,—	10 Forderungen a. LL	35 400,—	31 840,—
28 700,—	25 350,—	131 Bank	40 800,—	34 430,—
2 950,—	2 450,—	14 Vorsteuer	3 810,—	3 510,—
5 000,—	3 630,—	151 Kasse	6 500,—	4 955,—
6 500,—	–	161 Privatentnahmen	3 140,—	–
28 000,—	34 270,—	171 Verbindlichkeiten a. LL	41 215,—	47 915,—
2 876,50	3 976,50	18 Umsatzsteuer	3 481,50	4 481,50
31 255,—	–	301 Wareneingang	33 715,—	–
25 000,—	–	39 Warenbestand	26 000,—	–
2 600,—	–	40 Personalkosten	1 600,—	–
840,—	–	41 Mieten	350,—	–
120,—	–	48 Allgemeine Verwaltungskosten	85,—	–
–	–	49 Abschreibungen	–	–
–	39 765,—	801 Warenverkauf	–	44 815,—
		Abschlußangaben		
3 %		1. Abschreibung vom Buchwert auf Geschäftsausstattung	3 %	
29 365,—		2. Warenendbestand lt. Inventur	23 578,—	

Aufgaben 109 und 110

109 Summenbilanz Januar – März 19.. Soll	109 Haben	Konten	110 Summenbilanz Januar – März 19.. Soll	110 Haben
13 000,—	1 000,—	033 Geschäftsausstattung	9 000,—	—
10 000,—	—	034 Fuhrpark	11 000,—	400,—
—	49 665,—	06 Eigenkapital	—	59 265,—
24 560,—	21 300,—	10 Forderungen a. LL	32 150,—	27 940,—
25 300,—	22 140,—	131 Bank	28 560,—	15 150,—
1 900,—	1 600,—	14 Vorsteuer	2 300,—	1 900,—
7 500,—	5 700,—	151 Kasse	8 540,—	6 290,—
1 000,—	—	161 Privatentnahmen	2 800,—	—
18 300,—	26 220,—	171 Verbindlichkeiten a. LL	26 680,—	33 475,—
1 000,—	2 080,—	18 Umsatzsteuer	2 198,—	2 798,—
19 400,—	—	301 Wareneingang	20 600,—	—
26 000,—	—	39 Warenbestand	28 000,—	—
1 800,—	—	40 Personalkosten	2 400,—	—
265,—	—	41 Mieten	450,—	—
275,—	—	47 Betriebskosten, Insthg.	340,—	—
125,—	—	48 Allgemeine Verwaltungskosten	180,—	—
—	—	49 Abschreibungen	—	—
—	20 800,—	801 Warenverkauf	—	27 980,—
		Abschlußangaben		
10 %		1. Abschreibung vom Buchwert auf Fuhrpark	5 %	
5 %		auf Geschäftsausstattung	2 %	
29 800,—		2. Warenendbestand lt. Inventur	26 216,—	

Aufgaben 111 und 112

111 Summenbilanz Januar – März 19. . Soll	111 Haben	Konten	112 Summenbilanz Januar – März 19. . Soll	112 Haben
15 000,—	–	033 Betriebs- und Geschäftsausstattung	8 500,—	200,—
20 000,—	–	034 Fuhrpark	10 000,—	–
–	82 695,—	06 Eigenkapital	–	49 000,—
3 000,—	15 000,—	08 Darlehnsschulden	1 500,—	5 000,—
30 600,—	15 510,—	10 Forderungen a. LL	33 124,—	26 135,—
21 639,—	13 619,—	131 Bank	19 710,—	13 200,—
2 400,—	330,—	132 Postgiro	6 218,—	4 540,—
1 840,—	1 600,—	14 Vorsteuer	2 110,60	1 860,60
2 895,—	1 455,—	151 Kasse	5 459,—	3 609,—
1 400,—	–	161 Privatentnahmen	2 100,—	–
9 790,—	22 535,—	171 Verbindlichkeiten a. LL	14 174,—	25 400,—
1 828,20	2 228,20	18 Umsatzsteuer	2 593,40	3 093,40
11 000,—	–	301 Wareneingang	27 600,—	–
54 000,—	–	39 Warenbestand	28 000,—	–
982,—	–	40 Personalkosten	1 123,—	–
250,—	–	41 Mieten	210,—	–
265,—	–	44 Werbe- und Reisekosten	185,—	–
95,—	–	46 Warenabgabekosten	112,—	–
150,—	–	47 Betriebskosten, Instandhaltung	147,—	–
120,—	–	48 Allgemeine Verwaltungskosten	106,—	–
–	–	49 Abschreibungen	–	–
–	22 282,—	801 Warenverkauf	–	30 934,—
		Abschlußangaben		
2 %		1. Abschreibung vom Buchwert auf Fuhrpark	3 %	
1 %		auf Geschäftsausstattung	2 %	
50 500,—		2. Warenendbestand lt. Inventur	31 760,—	

Auswertung: Ermitteln Sie den Erfolg durch Kapitalvergleich!

8.4 Belege als Grundlage der Buchführung

8.4.1 Arten der Belege

Nach den gesetzlichen Vorschriften (§§ 238 und 257 HGB) müssen den einzelnen Buchungen entsprechende Belege zugrunde liegen. Nur mit Hilfe der Belege kann die Ordnungsmäßigkeit der Buchführung bewiesen werden.

8.4.1.1 Natürliche Belege

Natürliche Belege entstehen durch den Geschäftsablauf. Sie werden in externe und interne Belege unterteilt.

„Externe Belege" entstehen aus dem Verkehr des Unternehmens mit Außenstehenden, wie Lieferern, Kunden, Banken, Versicherungen, Post, Finanzamt usw.:

Eingangsrechnungen von Lieferern, Durchschriften der **Ausgangsrechnungen** an Kunden, Briefe von Geschäftsfreunden wegen Nachlässen, Rücksendungen, Gutschriften, Briefdurchschriften an Geschäftsfreunde wegen Nachlässen, Rücksendungen, Gutschriften, Quittungen, Kontoauszüge der Banken und Postgiroämter, Frachtbriefe (Bezugsspesen), Begleitbriefe zu Wechseln und Schecks.

„Interne Belege" entstehen aus innerbetrieblichen Vorgängen, z. B. Lohn- und Gehaltslisten, Akkordlohnzettel, Belege über Privatentnahmen, Materialentnahme- und -rückgabescheine usw.

8.4.1.2 Künstliche Belege

Für Buchungen, die auf mündliche Anweisungen hin durchgeführt werden, sind Belege anzufertigen. Sie müssen Zeit, Grund, Höhe des Betrages und Unterschrift des Verantwortlichen enthalten, so Anweisungen für Umbuchungen und Abschlußbuchungen, Anweisungen für Stornobuchungen usw.

Um die Arbeit zu erleichtern und zu beschleunigen, werden für gleichartige Geschäftsfälle **Sammelbelege** angefertigt.

Keine Buchung ohne Beleg!

8.4.2 Die Bearbeitung der Belege

Aus allen Abteilungen eines Unternehmens laufen die Belege in der Abteilung Rechnungswesen zusammen. Hier werden sie zur Buchung vorbereitet, gebucht und abgelegt (siehe auch S. 34).

8.4.2.1 Buchungsvorbereitung

Alle Belege werden auf ihre rechnerische Richtigkeit hin überprüft. Danach werden sie artgemäß geordnet und fortlaufend numeriert. Das Ordnen ist die Voraussetzung für Sammelbuchungen und für die richtige Reihenfolge der Buchungen und Ablage.

Nach dem Ordnen werden die Belege vorkontiert. Jeder Beleg erhält einen Stempel (Buchungsstempel), in dem der Buchungssatz eingetragen wird. Die Vorkontierung soll von einer Person (Betriebsinhaber oder Abteilungsleiter) vorgenommen werden, damit eine gleichmäßige Behandlung und Buchung der Belege gewährleistet ist.

8.4.2.2 Buchung

Durch die Vorkontierung wird der Buchhalter angewiesen, den Beleg auf den angegebenen Konten zu buchen. Dadurch werden Fehlbuchungen vermieden. Im Grundbuch trägt der Buchhalter neben dem Geschäftsfall und Buchungssatz die Nummer des Beleges ein. So kann der Beleg schnell wiedergefunden werden (wichtig z. B. bei steuerlichen Nachprüfungen!).

Umgekehrt versieht der Buchhalter den Beleg (im Buchungsstempel) mit dem Buchungsvermerk. Er enthält das Buch, die Seitennummer, das Datum der Buchung und das Zeichen des Buchhalters.

Der Buchungsvermerk ist der Beweis, daß die Buchung ausgeführt worden ist. Der Vermerk schließt Doppelbuchungen aus und zeigt zugleich an, wo der Beleg gebucht wurde.

8.4.2.3 Ablage der Belege

Nach der Buchung werden die Belege abgelegt und aufbewahrt.

Häufig müssen Belege für Prüfungen und Vergleiche aus der Registratur hervorgeholt werden. Eine Ordnung nach Belegeart und -nummer schließt zeitraubendes Suchen aus.

> Die Aufbewahrungsfrist der Belege beträgt sechs Jahre, vom Ende des Kalenderjahres (31.12.) gerechnet (§ 147 AO und § 257 HGB).

Aufgabe 113

1. Wie würden Sie die Registratur (Ablage) aufbauen?
   a) in einem Kleinbetrieb?
   b) in einem Großbetrieb?
2. Sprechen Sie über Notwendigkeit und Bedeutung der Registratur!
3. Welche Bedeutung haben die Hinweise auf den Beleg im Grundbuch und im Konto?
4. Warum hat eine Buchung ohne Beleg keine Beweiskraft?

Aufgabe 114[1])

Die Summenbilanz der Textilgroßhandlung Adalbert Wolf, Steinstraße 17, 5300 Bonn, zeigt am 30. November 19 . . folgende Zahlen:

Konten	Soll	Haben
033 Geschäftsausstattung	20 000,—	—
06 Eigenkapital	—	78 640,—
10 Forderungen a. LL	210 300,—	180 570,—
131 Bank	181 690,—	160 390,—
132 Postgiro	44 930,—	36 070,—
14 Vorsteuer	14 215,—	14 215,—
151 Kasse	25 416,—	22 186,—
161 Privatentnahmen	6 800,—	—
171 Verbindlichkeiten a. LL	160 600,—	189 140,—
18 Umsatzsteuer	21 913,50	21 913,50
301 Wareneingang	160 800,—	—
39 Warenbestand	44 000,—	—
40 Personalkosten	29 620,—	—
41 Mieten	1 140,—	—
43 Energie, Betriebsstoffe	—	—
48 Allgemeine Verwaltungskosten	835,—	—
49 Abschreibungen	—	—
801 Warenverkauf	—	219 135,—
	922 259,50	922 259,50

1. Übertragen Sie die Beträge auf die angegebenen Konten!
2. Bilden Sie zu nachstehenden Belegen die Buchungssätze, und führen Sie die Buchungen im Grundbuch und im Hauptbuch durch! Beachten Sie dabei, daß die Kontoauszüge die Buchungsunterlagen für den Bank- und Postgiroverkehr bilden. Die jeweiligen Überweisungsträger sind zur Bildung der Buchungssätze heranzuziehen.

[1]) Diese Geschäftsgänge mit Kurzbelegen können auch im Durchschreibeverfahren gebucht werden Beachten Sie dazu die Angaben in der Aufgabe 131, S. 143.

Firma
W. Kaufmann
Bahnstraße 59

5300 Bonn

02.12.19..		F/6 AR 519	V/3/8	04.12.19.. LKW			04.12.19..
L 1/5	6	25615/20		98	258,00	27,00	6 966,00
	1	27913		106	44,00	32,00	1 408,00
							8 374,00
		+ 15% USt					1 256,10
							9 630,10

Quittung über DM (in Ziffern) 300 Pf 00

Deutsche Mark in Worten
Dreihundert

Pfennig wie oben

von Adalbert Wolf, Bonn

für Miete für den Monat Dezember 19..
Geschäftsräume, Steinstraße 17

richtig erhalten zu haben, bescheinigt:

Ort Bonn Datum 5. Dezember 19..

Firmenstempel – Unterschrift des Empfängers
Hans Lindner

KONTOAUSZUG
SPARKASSE BONN

Konto 950310 — Auszug 153 — Blatt 1

BITTE RÜCKSEITE BEACHTEN !

Buch.-Tag	Wert	PN	Erläuterung/Verwendungszweck	Umsätze
09.12.	10.12.	0940	ÜBERW. KARL KLEIN	7 980,00 H

FIRMA ADALBERT WOLF
STEINSTRASSE 17
5300 BONN

Alter Kontostand: 21 300,00 H
Neuer Kontostand: 29 280,00 H

Anlage	Auszugdatum	Letzter Auszug
1	11.12...	08.12...

Paul Römer · Schreibwaren und Bürobedarf

P. Römer · Schreibwaren und Bürobedarf · Koblenzer Str. 66 · 5300 Bonn

Firma
Adalbert Wolf
Steinstraße 17

5300 Bonn

Eingegangen
17. DEZ. 19..
Erledigt: ....

5300 Bonn
Koblenzer Straße 66

Ihre Bestellung Nr./Tag/Zeichen	Unser Auftrag Nr./Zeichen	Zeit der Leistung/Liefertag	
EK 3003/W 14.12.19..	C 37-D	LW 15.12.19..	15.12.19..

Rechnung

		Einzelpreis	DM
15	Büro-Ordner	3,50	52,50
	+ 15% USt		7,88
			60,38

Betrag dankend erhalten

Paul Römer

Ruf
33 85 76

Bankkonto
Stadtsparkasse Bonn 71 324

Postgiro
Köln 128 63

Ernst Beier KG · Tuchfabrik

Ernst Beier KG · Tuchfabrik · Eintrachtstraße 39 · 5100 Aachen

Firma
Adalbert Wolf
Steinstraße 17

5300 Bonn

Eingegangen
20. DEZ. 19..
Erledigt: ....

5100 Aachen
Eintrachtstraße 39

Ihre Bestellung vom	Ihre Zeichen	Unser Auftrag Nr.	Zeit der Leistung	
10.12.19..	EKB 002/W	IV/-A 117	DB 12.12.19..	19.12.19..

Rechnung Nr.

Stück	Bezeichnung	m	Preis je m	DM
	Wir sandten Ihnen für Ihre Rechnung und auf Ihre Gefahr:			
10	BW 85 Wollmantelstoff	400	11,30	4 520,00
	+ 15% USt			678,00
				5 198,00

Ruf
81 25 06

Bankkonto
Gewerbebank Aachen 63 04 52

Postgiro
Köln 62 43

Beleg für den Auftraggeber/Einzahler-Quittung

Sparkasse Bonn 386 500 00

(Name und Sitz des beauftragten Kreditinstituts) (Bankleitzahl)

Empfänger

Fr. Schweizer, Mönchengladbach

Konto-Nr. des Empfängers: 198827

Bankleitzahl: 486 315 90

bei (Kreditinstitut): Handelsbank Mönchengladbach

Betrag: DM, Pf: 8 208,00

Verwendungszweck (nur für Empfänger): Rg.-Nr. 2111

Auftraggeber/Einzahler: Name: Fa. Wolf, 5300 Bonn

Konto-Nr. des Auftraggebers: 950310

113 480

Unterschrift bitte a

(Bei maschineller Buchung ist für die Quittung der Maschinendruck maßgebend

---

Fa. Adalbert Wolf

Verkauf im Namen und für Rechnung der Deutschen Shell Aktiengesellschaft

Liter	Produkt	DM	Pf
187	Super Shell	207	00
	Shell		
	Diesel Shell		

Umsatzsteuer 15 %/DM 27 00 von 207 00

Verkauf im Namen der unterzeichneten Firma

Menge	Produkt/Leistung	DM	Pf

Umsatzsteuer 15 %/DM von 207 00

zu zahlen incl. Umsatzsteuer

Betrag dankend erhalten

den 16.12.19..

Heinz Lukas

Stempel und Unterschrift

KONTOAUSZUG

SPARKASSE BONN

Konto: 950310

Auszug: 154 Blatt: 1

Buch.-Tag	Wert	PN	Erläuterung/Verwendungszweck	Umsätze
18.12.	17.12.	4655	AUFTRAG	8 208,00 S

BITTE RÜCKSEITE BEACHTEN!

Alter Kontostand: 29 280,00 H

Neuer Kontostand: 21 072,00 H

Anlage	Auszugdatum	Letzter Auszug
	21.12...	11.12...

FIRMA ADALBERT WOLF
STEINSTRASSE 17
5300 BONN

Firma
Karl Klein
Godesberger Str. 37

5300 Bonn

19.12.19..	tel. AR 520	V/3/B	21.12.19.. LKW	23.12.19..

T 1/4	5	17935/39	100	200	19,70	3 940,00
		+ 15% USt				591,00
						4 531,00

Überweisungsauftrag an 370 100 50

Postgiroamt
5000 Köln
155293399

24.12.19.. A. Wolf

Datum — Unterschrift für nachstehenden Auftrag
Durchschrift für den Auftraggeber

Empfänger: Ernst Beier KG, Aachen

Konto-Nr. des Empfängers	Auftr.-Nr.	Bankleitzahl
6243	4220	370 100 50

bei Postgiroamt Köln

Betrag: DM 5 198 Pf 00

Verwendungszweck, z. B. Kunden-Referenznummer (nur für Empfänger)
Rg. v. 19.12.19..

Auftraggeber: Name, Vorname/Firma, Ort
Fa. Wolf, 5300 Bonn

Konto-Nr. des Auftraggebers	A	B	C
155293399		5 198	00

155293399⑈ 370 100 50⑈

Gutschrift
Überweisungsauftrag an 370 100 50
Postgiroamt 5000 Köln
155293399

Empfänger: Fa. Adalbert Wolf, Steinstr.17, 5300 Bonn
Konto-Nr. des Empfängers: 155293399
Bankleitzahl: 370 100 50
bei: Postgiroamt Köln
Betrag: DM 2 508 Pf 00
Verwendungszweck, z. B. Kunden-Referenznummer (nur für Empfänger): Rg. vom 27.11.19..
Auftraggeber: Name, Vorname/Firma, Ort: Werner Kaufmann, Bahnstraße 59, 5300 Bonn
Konto-Nr. des Auftraggebers: 125331280

Mehrzweckfeld	X	Konto-Nr.	X	Betrag	X	Bankleitzahl	X	Text

Bitte dieses Fel

Gutschrift
Überweisungsauftrag an 370 100 50
Postgiroamt 5000 Köln
155293399

Empfänger: Fa. Adalbert Wolf, Steinstr.17, 5300 Bonn
Konto-Nr. des Empfängers: 155293399
Bankleitzahl: 370 100 50
bei: Postgiroamt Köln
Betrag: DM 1 732 Pf 80
Verwendungszweck, z. B. Kunden-Referenznummer (nur für Empfänger): Rg.-Nr. 515
Auftraggeber: Name, Vorname/Firma, Ort: J. Breuer, Rheinallee 273, 5300 Bonn
Konto-Nr. des Auftraggebers: 125684356

Mehrzweckfeld	X	Konto-Nr.	X	Betrag	X	Bankleitzahl	X	Text

Bitte dieses Feld nicht beschriften und nicht bestempeln

Postgiroamt 5000 Köln
Bankleitzahl 370 100 50

Kontoauszug
Bitte beachten Sie die Hinweise auf der Rückseite

Postgirokonto-Nr.	Auszug-Nr.	Alter Kontostand	DM	Pf
3399-500	323	vom 28.11..	**********8860	00

Art	Buchungshinweise		Umsatz
	UE/LT ANLAGE		519800-
	UE/LT ANLAGE	+	250800
	UE/LT ANLAGE	+	173280

Eingegangen
28. DEZ. 19 . .
Erledigt: ....

27.12..
Buchungstag

***********790280
Neuer Kontostand

Büromaschinen-GmbH Bonn

Büromaschinen-GmbH Bonn · Erftstraße 153 · 5300 Bonn

Firma
Adalbert Wolf
Steinstraße 17

5300 Bonn

Eingegangen
28. DEZ. 19..
Erledigt: ....

5300 Bonn
Erftstraße 153

Ihre Bestellung Nr./Tag/Zeichen	Unser Auftrag Nr.	Liefertag	
EKB 001/W 03.12.19..	B/I/011	27.12.19..	27.12.19..

Rechnung

	DM
Auf Grund Ihrer Bestellung vom 3. Dezember 19.. senden wir Ihnen heute:	
1 Büro-Schreibmaschine Modell 10 Fabriknummer 325255	650,00
+ 15% USt	97,50
	747,50

Betrag dankend erhalten
i. A. Schmitz

Postgiro
Köln 814 03

Empfangsbestätigung
über die Einlieferung von Schecks

Konto-Nummer	Konto-Inhaber
950310	Fa. Wolf

Scheck-Nummer	Kto-Nr./Name des Ausstellers	Bezogenes Institut, BLZ	DM
0013890	959770/Kaufmann	380 500 00	3 900,00

A. Wolf 28.12.19..

Posten	Wert	DM
		3 900,00

Die Gutschrift des

Konto	KONTOAUSZUG SPARKASSE BONN	Auszug	Blatt
950310		155	1

BITTE RÜCKSEITE BEACHTEN!

Buch.-Tag	Wert	PN	Erläuterung/Verwendungszweck	Umsätze
27.12.	28.12.	4051	SCHECKEINLIEFERUNG	3 900,00 H

FIRMA ADALBERT WOLF
STEINSTRASSE 17
5300 BONN

Alter Kontostand		
21 072,00 H		
Neuer Kontostand		
24 972,00 H		
Anlage	Auszugdatum	Letzter Auszug
	29.12...	21.12...

Quittung über DM (in Ziffern) 500 Pf 00

Deutsche Mark in Worten: Fünfhundert

Pfennig wie oben

von: Firma Adalbert Wolf, Bonn

für: den Haushalt

richtig erhalten zu haben, bescheinigt:

Ort: Bonn Datum: 30. Dezember 19..

Firmenstempel – Unterschrift des Empfängers: Adalbert Wolf

Firma
J. Breuer
Rheinallee 273

5300 Bonn

25.12.19..	tel. AR 521		V/3/B		27.12.19..	LKW		31.12.19..
AB W	3	25621/23		98	127		30,00	3 810,00
			+ 15% USt					571,50
								4 381,50

Stellen Sie die Betriebsübersicht auf!

Abschlußangaben

1. Warenendbestand lt. Inventur (Nettoabschluß) 40 500,— DM
2. Abschreibung auf Geschäftsausstattung 2 650,— DM

Anhand der Betriebsübersicht sind die Konten abzuschließen!

Aufgabe 115

Die Anfangsbestände sind gleich den Schlußbeständen von Aufgabe 114

Geschäftsvorgänge

Quittung über DM (in Ziffern) 300 Pf 00

Deutsche Mark in Worten
Dreihundert

Pfennig wie oben

von Adalbert Wolf, Bonn
für Miete für den Monat Dezember 19..
Geschäftsräume, Steinstraße 17

richtig erhalten zu haben, bescheinigt:

Ort Bonn Datum 2. Januar 19..

Firmenstempel – Unterschrift des Empfängers

Hans Lindner

Firma
Karl Klein
Godesberger Straße 57

5300 Bonn

30.12.19..	tel. AR 522	V/3/8		31.12.19.. LKW		04.01.19..
AB W 5	25624/28		98	200	27,00	5 400,00
		+ 15% USt				810,00
						6 210,00

KONTOAUSZUG
SPARKASSE BONN

Konto 950310 — Auszug 156 — Blatt 1

BITTE RÜCKSEITE BEACHTEN !

Buch.-Tag	Wert	PN	Erläuterung/Verwendungszweck	Umsätze
07.01.	07.01.	4655	AUFTRAG	18 300,00 S
07.01.	07.01.	4655	AUFTRAG	1 608,22 S

FIRMA ADALBERT WOLF
STEINSTRASSE 17
5300 BONN

Alter Kontostand: 24 972,00 H
Neuer Kontostand: 5 063,78 H

Anlage	Auszugdatum	Letzter Auszug
	08.01...	29.12...

Beleg für den Auftraggeber/Einzahler-Quittung

Sparkasse Bonn 386 500 00
(Name und Sitz des beauftragten Kreditinstituts) (Bankleitzahl)

Empfänger: Ernst Beier KG, Aachen

Konto-Nr. des Empfängers: 6243 — Bankleitzahl: 370 100 50

bei (Kreditinstitut): Postgiroamt Köln

Betrag: DM, Pf 18 300,00

Verwendungszweck (nur für Empfänger): Rg.-Nr. 1724

Auftraggeber/Einzahler: Name: Fa. Wolf, 5300 Bonn

Konto-Nr. des Auftraggebers: 950310 — 18 300,00

S 113480

Unterschrift bitte auf Blatt „Überweisungsauftrag"

(Bei maschineller Buchung ist für die Quittung der Maschinendruck maßgebend)

Fernmelderechnung

– Bitte bei allen Rückfragen, Überweisungen und Einzahlungen angeben –
Fernmeldekontonummer

3399-500 370 100 50 228100046162

Beträge im Monat im Zusammenhang mit

1 Anschlüssen und Endstelleneinrichtungen (DM)	2 Telefonanlagen (DM)	3 privaten Einrichtungen (DM)	Wählverbindungen Einheiten 4 insgesamt	5 kostenpflichtig	6 Betrag (DM)	USt-Satz (v.H.) aus Feld 1–3, 6, 7
32,00			1112	1102	253,46	–
4,75						15

7 Sonstige Lieferungen und Leistungen (DM) für: Telegrammgebühren 14,60

8 Summe der Felder 1–3, 6, 7 (DM)	9 Umsatzsteuer (DM)	10 Rechnungsbetrag (DM)	11 Übertrag aus vorangegangener Rechnung (DM)
304,81	0,71	305,52	

Eingegangen 13. JAN. 19..
Erledigt

Fernmeldeamt Postfach 90 11 · 5300 BONN 1

Herrn/Frau/Firma 228100046162

12 Zu zahlender Betrag (DM): 305,52

Firma Wolf
Steinstr. 17
5300 Bonn

Wählverbindungen (vom – bis): 10.12.-09.01.

Absendetag: 12.01.19..

Dienstgebäude: BONNER TALWEG 100 BONN ☎ (0228) 13-5376

Beleg für den Auftraggeber/Einzahler-Quittung

Sparkasse Bonn 386 500 00
(Name und Sitz des beauftragten Kreditinstituts) (Bankleitzahl)

Empfänger
Finanzamt Bonn

Konto-Nr. des Empfängers: 22004
Bankleitzahl: 386 500 00

bei (Kreditinstitut): Sparkasse Bonn

Betrag: DM, Pf: 1 608,22

Verwendungszweck (nur für Empfänger)
USt Dezember St.-Nr. 206/309/2225

Auftraggeber/Einzahler: Name
Fa. Wolf, 5300 Bonn

Konto-Nr. des Auftraggebers: 950310 — 1 608,22

Unterschrift bitte auf Blatt „Überweisungsauftrag"

113480

(Bei maschineller Bu

Quittung

Nr.

netto	DM	53	Pf	00
+ 15 % MWSt	DM	7	Pf	95
gesamt	DM	60	Pf	95

Gesamtbetrag DM in Worten
Sechzig---------------------------------------
-- Pfennig wie oben

von Firma Adalbert Wolf, Bonn
für Reparaturen an Regalen

dankend erhalten

Ort Bonn Datum 12. Jan. 19..

Buchungsvermerke

Stempel/Unterschrift des Empfängers
Erich Küfer

Zweckform Quittung

Firma
W. Kaufmann
Bahnstraße 59

5300 Bonn

11.01.19.. F/6 V/3/B 13.01.19.. LKW 13.01.19..
AR 523

L 1/5	4	26317/20	99	160	29,50	4 640,00
	3	26715/17	103	120	31,00	3 720,00
						8 360,00
		+ 15% USt				1 254,00
						9 614,00

Friedrich Schweizer · Weberei

F. Schweizer · Weberei · Neußer Straße 149 · 4050 Mönchengladbach

Firma
Adalbert Wolf
Steinstraße 17

5300 Bonn

Eingegangen
17. JAN. 19 . .
Erledigt: ....

4050 Mönchengladbach
Neußer Straße 149

Ihre Zeichen	Unser Auftrag Nr.	Liefertag	Neußer Straße 149
EKB 005/W	V-K 114	DB 12.01.19..	15.01.19..

Rechnung

Stück	Bezeichnung	m	Preis je m	DM
	Auf Grund Ihrer Bestellung vom 12.01.19.. sandte ich Ihnen:			
9	38/17/5	387	17,80	6 888,60
	+ 15% Umsatzsteuer			1 033,29
				7 921,89

Zahlbar 4 Wochen nach Erhalt der Ware.
Fernruf 4 37 25 · Stadtsparkasse Mönchengladbach Konto 7 097 · Postgirokonto Köln 215 37

Gutschrift
Überweisungsauftrag an 370 100 50
Postgiroamt
5000 Köln
155293399

Empfänger: Fa. Adalbert Wolf, Steinstr. 17, 5300 Bonn
Konto-Nr. des Empfängers: 155293399
Bankleitzahl: 370 100 50
bei: Postgiroamt Köln
Betrag: DM 1 630 Pf 10
Verwendungszweck, z. B. Kunden-Referenznummer (nur für Empfänger): Rg.-Nr. 519 - Teilzahlung
Auftraggeber: Name, Vorname/Firma, Ort: Werner Kaufmann, Bahnstr. 59, 5300 Bonn
Konto-Nr. des Auftraggebers: 125331280

Mehrzweckfeld | Konto-Nr. | Betrag | Bankleitzahl | Text

Bitte dieses Feld nicht beschriften und nicht bestempeln

Gutschrift Überweisungsauftrag an 370 100 50

Postgiroamt
5000 Köln
155293399

Empfänger:
Fa. Adalbert Wolf, Steinstr. 17, 5300 Bonn

Konto-Nr. des Empfängers		Bankleitzahl
155293399		370 100 50

bei
Postgiroamt Köln

Betrag: DM	Pf
4 531	00

Verwendungszweck, z. B. Kunden-Referenznummer (nur für Empfänger)
Rg.-Nr. 520

Auftraggeber: Name, Vorname/Firma, Ort
Karl Klein, Godesberger Str. 57, 5300 Bonn

Konto-Nr. des Auftraggebers
125456321

Mehrzweckfeld | X | Konto-Nr. | X | Betrag | X | Bankleitzahl | X | Text

Bitte dieses

Postgiroamt
5000 Köln
Bankleitzahl 370 100 **50**

Kontoauszug
Bitte beachten Sie die Hinweise auf der Rückseite

Postgirokonto-Nr.		Auszug-Nr.	Alter Kontostand	DM	Pf
3399-500		41	vom 24.12..	***********7902	80

Art	Buchungshinweise		Umsatz
UE/LT	ANLAGE	+	163010
UE/LT	ANLAGE	+	453100
UE/LT	ANLAGE		30548-

Eingegangen
24. JAN. 19 . .
Erledigt: ....

17.01.. Buchungstag

********* 1375842 Neuer Kontostand

Empfangsbestätigung
über die Einlieferung von Schecks

Konto-Nummer	Konto-Inhaber
950310	Fa. Wolf

Scheck-Nummer	Kto-Nr./Name des Ausstellers	Bezogenes Institut, BLZ	DM
0013899	0009770/Kaufmann	380 500 00	8 000,00

A. Wolf 20.01.19..

Posten	Wert	DM
		8 000,00

SPARKASSE BONN

Die Gutschrift des Gegenwerts erfolgt E.v.

Stempel und Unterschriften der Sparkasse

KONTOAUSZUG

SPARKASSE BONN

Konto	Auszug	Blatt
950310	157	1

BITTE RÜCKSEITE BEACHTEN !

Buch.-Tag	Wert	PN	Erläuterung/Verwendungszweck	Umsätze
21.01.	22.01.	4051	SCHECKEINLIEFERUNG	8 000,00 H
21.01.	22.01.	0940	ÜBERW. BREUER	6 149,00 H
21.01.	21.01.	4655	AUFTRAG	7 921,89 S

FIRMA ADALBERT WOLF
STEINSTRASSE 17
5300 BONN

Alter Kontostand: 5 063,78 H

Neuer Kontostand: 11 290,89 H

Anlage	Auszugdatum	Letzter Auszug
1	23.01...	08.01...

Gutschrift 380 500 00 G1

Sparkasse Bonn

Empfänger: Fa. Wolf, Steinstr. 17, 5300 Bonn

Konto-Nr. des Empfängers: 950310

Bankleitzahl: 386 500 00

bei (Kreditinstitut): Sparkasse Bonn

Betrag: DM, Pf: 6 149,00

Verwendungszweck - z.B. Kunden-Referenznummer - (nur für Empfänger): Rg. vom 28.11.19..

Auftraggeber: J. Breuer, Rheinallee 273, 5300 Bonn

Konto-Nr. des Auftraggebers: 287766

111 400

3

Mehrzweckfeld X Konto-Nr. X Betrag X Bankleitzahl X Text

51H

Bitte dieses Feld nicht beschriften und nicht bestempeln

Beleg für den Auftraggeber/Einzahler-Quittung

Sparkasse Bonn 386 500 00

(Name und Sitz des beauftragten Kreditinstituts) (Bankleitzahl)

Empfänger: Fr. Schweizer, Mönchengladbach

Konto-Nr. des Empfängers: 198827

Bankleitzahl: 486 315 90

bei (Kreditinstitut): Handelsbank Mönchengladbach

Betrag: DM, Pf: 7 921,89

Verwendungszweck (nur für Empfänger): Rg.-Nr. 4321

Auftraggeber/Einzahler: Name: Fa. Wolf, 5300 Bonn

Konto-Nr. des Auftraggebers: 950310

7 921,89

113 480

II

Unterschrift bitte auf Blatt „Überweisungsauftrag"

(Bei maschineller Buchung ist für die Quittung der Maschinendruck maßgebend)

Firma
J. Breuer
Rheinallee 273

5300 Bonn

20.01.19..	F/6 AR 524	V/3/B		22.01.19.. LKW			22.01.19..
L 1/2	2	13791/92	91	78	14,00		1 092,00
		+ 15% USt					163,80
							1 255,80

Überweisungsauftrag an 370 100 50

Postgiroamt
5000 Köln
155293399

23.01.19.. A. Wolf

Datum | Unterschrift für nachstehenden Auftrag

Durchschrift für den Auftraggeber

Empfänger:
Fa. Adalbert Wolf, 5300 Bonn

Konto-Nr. des Empfängers	Auftr.-Nr.	Bankleitzahl
950310	4226	386 500 00

bei
Sparkasse Bonn

Betrag: DM 7 000 Pf 00

Verwendungszweck, z. B. Kunden-Referenznummer (nur für Empfänger)
Umbuchung

Auftraggeber: Name, Vorname/Firma, Ort
Fa. Wolf, 5300 Bonn

Konto-Nr. des Auftraggebers	A	B	C
155293399		7 000	00

155293399 370 100 50

Überweisungsauftrag an 370 100 50

Postgiroamt 5000 Köln
155293399

23.01.19.. A. Wolf
Datum — Unterschrift für nachstehenden Auftrag
Durchschrift für den Auftraggeber

Empfänger: Georg Lange

Konto-Nr. des Empfängers	Auftr.-Nr.	Bankleitzahl
1552345678	4233	370 100 50

bei: Postgiroamt Köln

Betrag: DM 150 Pf 00

Verwendungszweck, z. B. Kunden-Referenznummer (nur für Empfänger)
Miete März Private Garage
A. Wolf

Auftraggeber: Name, Vorname/Firma, Ort
Fa. Wolf, 5300 Bonn

Konto-Nr. des Auftraggebers	A	B	C
155293399			150 00

155293399⑈ 370 100 50⑈

Postgiroamt 5000 Köln
Bankleitzahl 370 100 50

Kontoauszug
Bitte beachten Sie die Hinweise auf der Rückseite

Postgirokonto-Nr.	Auszug-Nr.	Alter Kontostand vom	DM Pf
3399-500	87	17.01..	*********13758 42

Art	Buchungshinweise	Umsatz
	UE/LT ANLAGE	700000-
	UE/LT ANLAGE	15000--

Eingegangen
20. JAN. 19 . .
Erledigt: ....

Buchungstag	Neuer Kontostand
23.01..	**********660842

KONTOAUSZUG
SPARKASSE BONN

Konto 950310 — Auszug 158 — Blatt 1

BITTE RÜCKSEITE BEACHTEN !

Buch.-Tag	Wert	PN	Erläuterung/Verwendungszweck	Umsätze
24.01.	25.01.	0941	POSTÜBERW. A. WOLF	7 000,00 H

FIRMA ADALBERT WOLF
STEINSTRASSE 17
5300 BONN

Alter Kontostand 11 290,89 H
Neuer Kontostand 18 290,89 H

Anlage	Auszugdatum	Letzter Auszug
1	26.01...	08.01...

Rudolf Kühn **Anstreichermeister**

Rudolf Kühn · Anstreichermeister · Kaiserstraße 41 · 5300 Bonn

Firma
Adalbert Wolf
Steinstraße 17

5300 Bonn

Eingegangen
26. JAN. 19 . .
Erledigt: ....

5300 Bonn
Kaiserstraße 41

Ihre Bestellung vom	Liefertag	
07.01.19..	20./21.01.19..	25.01.19..

Rechnung

		DM
Tapezierarbeiten in den Geschäftsräumen Steinstraße 17:		
	5 Stunden zu 22,00	110,00
	5 Stunden zu 20,00	100,00
	Material	90,00
		300,00
	+ 15% Umsatzsteuer	45,00
		345,00

Ruf
46 31 09

Bankkonto
Stadtsparkasse Bonn 14 337

Postgiro
Köln 365 16

Ernst Beier KG · Tuchfabrik

Ernst Beier KG · Tuchfabrik · Eintrachtstraße 39 · 5100 Aachen

Firma
Adalbert Wolf
Steinstraße 17

5300 Bonn

Eingegangen
28. JAN. 19 . .
Erledigt: ....

5100 Aachen
Eintrachtstraße 39

Ihre Bestellung vom	Ihre Zeichen	Unser Auftrag Nr.	Zeit der Leistung	
10.01.19..	EKB OO/W	IV-A 282	DB 19.01.19..	26.01.19..

Rechnung Nr. 1809

Stück	Bezeichnung	m	Preis je m	DM
	Wir sandten Ihnen für Ihre Rechnung und auf Ihre Gefahr:			
10	BW Wollmantelstoff	409	11,30	4 621,70
	+ 15 % Umsatzsteuer			693,26
				5 314,96

Ruf
81 25 06

Bankkonto
Gewerbebank Aachen 63 04 52

Postgiro
Köln 62 43

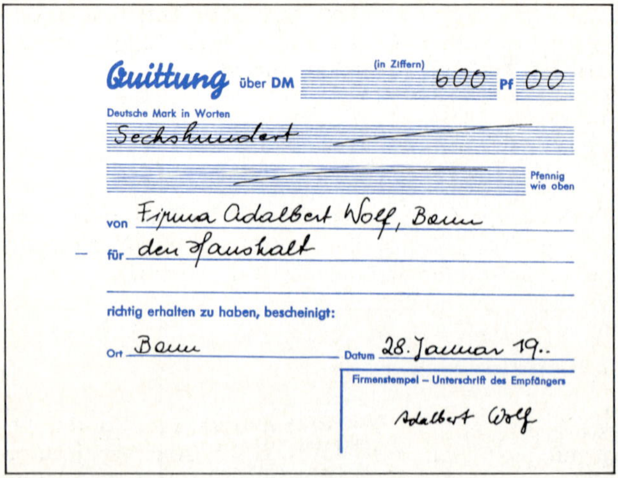

Quittung über DM (in Ziffern) 600 Pf 00

Deutsche Mark in Worten

Sechshundert

Pfennig wie oben

von Firma Adalbert Wolf, Bonn

für den Haushalt

richtig erhalten zu haben, bescheinigt:

Ort Bonn Datum 28. Januar 19..

Firmenstempel – Unterschrift des Empfängers

Adalbert Wolf

Zum 31. Januar 19 . . ist die Betriebsübersicht aufzustellen!

Abschlußangaben

1.	Warenendbestand lt. Inventur (Nettoabschluß)	40 870,30 DM
2.	Abschreibung auf Geschäftsausstattung	250,— DM

8.5 Die Buchführungsbücher

Buchführungsbücher sind Geschäftsbücher, in denen die Geschäftsfälle erfaßt werden. **Gebundene Bücher** können durch eine **fortlaufend numerierte Loseblattsammlung** oder die **geordnete Ablage von Belegen** ersetzt werden. Die Bücher und die sonst erforderlichen Aufzeichnungen können auf **Datenträgern** geführt werden, sofern sichergestellt ist, daß die Daten während der Dauer der Aufbewahrungsfrist verfügbar sind und jederzeit innerhalb angemessener Frist lesbar gemacht werden können (§ 146 Abs. 5 AO, § 239 Abs. 4 HGB).
Nach der Ordnung der Buchungsinhalte sind zu unterscheiden:

8.5.1 Grundbuch

In Grundbüchern, auch **Journale** oder **Prima Nota** genannt, werden alle Geschäftsfälle anhand der Belege in **zeitlicher Reihenfolge** (s. Seite 37) eingetragen. In dieser ersten Aufzeichnung können mehrere gleichartige Belege zusammengefaßt werden.

Grundbücher können nach Sach- oder Arbeitsgebieten oder Abteilungen gegliedert und somit arbeitsteilig geführt werden: Kassenbuch, Eingangsrechnungen, Ausgangsrechnungen, Bank- und Postgiroauszüge.

8.5.2 Hauptbuch

Im Hauptbuch werden die Geschäftsfälle nach ihrer Auswirkung auf einzelne Vermögens- oder Kapitalposten (= sachliche Gliederung) gegliedert und auf den entsprechenden **Sachkonten** gebucht (s. auch Seite 37).

8.5.3 Nebenbücher

Die Übersicht, die das Hauptbuch über die Vermögens- und Kapitalveränderungen vermittelt, genügt bei einigen Posten nicht. Aus den Konten des Hauptbuches kann der Unternehmer beispielsweise nicht ersehen, wie hoch seine Schulden gegenüber **einzelnen** Lieferern oder seine Forderungen gegenüber **einzelnen** Kunden sind.

Daher werden verschiedene Nebenbücher — meistens in Karteiform — geführt, in denen die Buchungen einzelner Hauptbuchkonten näher erläutert werden: Kundenkartei, Lieferkartei, Warenkartei, Wechselbuch, Lohn- und Gehaltsbuch, Anlagenkartei.

Nebenbücher dienen der Erläuterung der Inhalte einzelner Hauptbuchkonten.

Bücher der Buchführung		
Grundbücher bzw. Belegsammlungen	Hauptbuch	Nebenbücher

8.5.3.1 Das Kontokorrent

8.5.3.1.1 Erfassung des unbaren Geschäftsverkehrs in Konten

Für jeden Kunden (10/001, 10/002 usw.) und Lieferer (17/01, 17/02 usw.) wird ein eigenes Konto eingerichtet. Dadurch kann der Guthaben- oder Schuldenstand gegenüber jedem Kunden oder Lieferer schnellstens ermittelt werden. Diese **„Kontokorrentkonten"** (ital. conto corrente = laufende Rechnung) befinden sich im Kontokorrentbuch. In Mittel- und Großbetrieben wird statt des Buches eine Lieferer- und Kundenkartei geführt. Die Kundenkonten werden auch Debitoren, die Liefererkonten Kreditoren genannt. Beide werden zusammen als **Personenkonten** bezeichnet.

1. Die Kontokorrentkonten dienen der näheren Erläuterung der Hauptbuchkonten Forderungen a. WL und Verbindlichkeiten a. WL.
2. Grundlage für die Buchungen sind die Eintragungen im Grundbuch.

Beispiel

① Eintragungen im Grundbuch

Journal		Monat Dezember 19..			Seite..	
Tag	Beleg mit Nr.	Buchungstext	Betrag		Buchungssatz	
			Soll	Haben	Soll	Haben
16.12.		Übertrag von S....	......	......		
16.12.	AR 912	Zielverkauf an Krause	1 150,—	1 150,—	10/001	800
17.12.	BA 287	Überweisung von Klein	1 265,—	1 265,—	13	10/002
18.12.	AR 913	Zielverkauf an Klein	1 035,—	1 035,—	10/002	800
21.12.	BA 288	Überweisung von Krause	575,—	575,—	13	10/001
22.12.	AR 914	Zielverkauf an Krause	1 725,—	1 725,—	10/001	800
27.12.	BA 289	Überweisung von Klein	805,—	805,—	13	10/002
		......				
		......				

② Buchungen auf dem Hauptbuchkonto (Sachkonto) „Forderungen a. LL"
(Anfangsbestand 2 800,— DM):

S	10 Forderungen a. LL		H
91	2 800,—	(17) 131	1 265,—
(16) 801	1 150,—	(21) 131	575,—
(18) 801	1 035,—	(27) 131	805,—
(22) 801	1 725,—	94	4 065,—
	6 710,—		6 710,—

③ Buchungen auf den Kundenkonten (Personenkonten) Krause (10/001) und Klein (10/002):

10/001 Mr. Krause, Bonner Straße, 5000 Köln				
Datum	Beleg	Text	Betrag Soll	Betrag Haben
15.12.		Saldovortrag	800,—	—
16.12.	AR 912	Zielverkauf	1 150,—	—
21.12.	BA 288	Überweisung	—	575,—
22.12.	AR 914	Zielverkauf	1 725,—	—
31.12.		Saldo	—	3 100,—
			3 675,—	3 675,—
02.01.		Saldovortrag	3 100,—	—

10/002 P. Klein, Mainzer Straße 17, 6000 Frankfurt				
Datum	Beleg	Text	Betrag Soll	Betrag Haben
15.12.		Saldovortrag	2 000,—	—
17.12.	BA 287	Überweisung	—	1 265,—
18.12.	AR 913	Zielverkauf	1 035,—	—
27.12.	BA 289	Überweisung	—	805,—
31.12.		Saldo	—	965,—
			3 035,—	3 035,—
02.01.		Saldovortrag	965,—	—

④ **Kontokorrentprobe beim Abschluß**

Beim Abschluß der Kontokorrentkonten — jährlich, vierteljährlich oder monatlich — werden alle Salden in einer **Saldenliste** gesammelt.

Beispiel

Saldenliste der Kundenkonten

10/001	Martin Krause, Köln	3 100,— DM
10/002	Peter Klein, Frankfurt	965,— DM
10	Forderungen a. LL (94)	4 065,— DM

> Die Saldensumme der Lieferer- bzw. Kundenkonten muß mit dem Saldo des Hauptbuchkontos Verbindlichkeiten a. LL bzw. Forderungen a. LL übereinstimmen.

Die Beträge der Saldenlisten werden am Jahresende — meist nach Abstimmung mit den Lieferern und Kunden — in das Inventar (Einzelsalden) und in die Schlußbilanz (Salden der Hauptbuchkonten) übernommen.

Aufgabe 116

Führen Sie das Konto des Kunden J. Frenz, Gartenstraße 13, 6800 Mannheim!

		DM
14. 7.	Saldovortrag	141,35
29. 7.	AR 293	314,70
12. 8.	AR 327	415,25
20. 8.	Bankauszug 175: Scheck	750,—
26. 8.	AR 352	389,17
29. 8.	Bankauszug 176: Überweisung	400,—

Ermitteln Sie den Saldo zum 31. 8.!

Aufgabe 117

Führen Sie das Konto des Kunden Martin Huber, Fürstenweg 43, 8900 Augsburg!

		DM
25. 9.	Saldovortrag	471,40
30. 9.	Überweisung: Bankauszug 189	471,40
14. 10.	AR 407	382,90
27. 10.	AR 462	412,25
3. 11.	Scheck, Bankauszug 190	795,15
12. 11	AR 481	211,14
24. 11.	AR 579	519,45
27 11.	Banküberweisung, Bankauszug 191	700,—

Ermitteln Sie den Saldo zum 30. 11.!

Aufgabe 118

Führen Sie das Konto des Lieferers Heinrich & Co., Zollweg 8, 3000 Hannover!

		DM
15. 3.	Saldovortrag	1 241,50
29. 3.	Banküberweisung, BA 69	1 100,—

15. 4.	ER 47	723,15
23. 4.	Verrechnungsscheck, BA 71	864,65
2. 5.	ER 50	683,20
9. 6.	ER 71	467,30
27. 6.	Banküberweisung, BA 83	1 000,—

Errechnen Sie den Saldo zum 30. 6.!

Aufgabe 119

Führen Sie das Konto des Lieferers Franz Müller, Trierer Straße 83, 5400 Koblenz!

		DM
1. 10.	Saldovortrag	141,10
15. 10.	ER 211	568,70
18. 10.	Rücksendungen (Falschlieferung), R 2	124,30
30. 10.	Überweisung durch Bank, BA 173	570,—
17. 11.	ER 288	498,40
20. 11.	Verrechnungsscheck, BA 181	498,40
20. 12.	ER 248	868,10
29. 12.	Gutschrift auf Grund einer Mängelrüge, G 25	84,90

Errechnen Sie den Kontostand zum 31. 12.!

Reihenfolge der Arbeiten in den Aufgaben 118—121

1. Aufstellung der Eröffnungsbilanz
2. Einrichtung des Grundbuches
3. Einrichtung des Hauptbuches nach dem Kontenplan
4. Einrichtung des Kontokorrentbuches nach besonderem Verzeichnis
5. Buchungsarbeiten nach dem Schema (siehe S. 123).

Aufgaben 120 und 121

Kontenplan (Sachkonten)

03, 06, 10, 131, 14, 151, 161, 171, 18, 301, 39, 40, 41, 48, 49, 801, 91, 93, 94

		120	**121**
Anfangsbestände		DM	DM
033	Betriebs- und Geschäftsausstattung	12 000,—	9 000,—
30	Warenbestand	35 400,—	26 850,—
10	Forderungen a. LL	6 840,—	5 240,—
	10/001 Clemens Müller, Köln	1 640,—	2 210,—
	10/002 Fritz Berger, Godesberg	2 200,—	2 520,—
	10/003 Anton Ortmann, Bonn	3 000,—	510,—
131	Bankguthaben	4 200,—	3 800,—
151	Kasse	1 620,—	1 140,—
06	Eigenkapital	?	?
171	Verbindlichkeiten a. LL	7 980,—	6 560,—
	171/01 Karl Dirks, Stuttgart	4 470,—	4 860,—
	171/02 Schulte AG, Berlin	3 510,—	1 700,—

Geschäftsfälle im Monat April 19..			120 DM	121 DM
Dat.	Beleg	Buchungstext		
1.	KB 1	Mietzahlung bar	500,—	280,—
3.	AR 1	Zielverkauf an C. Müller	1 680,—	1 320,—
		+ 15 % USt	252,—	198,—
5.	BA 1	Überweisung an Dirks	1 400,—	1 150,—
6.	KB 2	Privatentnahme bar	600,—	300,—
10.	KB 3	Barzahlung von Ortmann	810,—	510,—
12.	AR 2	Zielverkauf an Ortmann	2 150,—	1 860,—
		+ 15 % USt	322,50	279,—
15.	ER 1	Zieleinkauf von Schulte AG.	1 480,—	1 250,—
		+ 15 % USt	222,—	187,50
18.	KB 4	Einkauf von Briefmarken bar	140,—	75,—
19.	AR 3	Zielverkauf an Berger	2 650,—	1 970,—
		+ 15 % USt	397,50	295,50
21.	ER 2	Zieleinkauf von Dirks	2 820,—	2 115,—
		+ 15 % USt	423,—	317,25
23.	BA 2	Überweisung von Berger	2 850,—	2 964,—
25.	KB 5	Barzahlung der Telefongebühren	80,—	65,—
27.	BA 3	Überweisung an Dirks	1 300,—	1 200,—
29.	AR 4	Zielverkauf an Müller	1 790,—	1 520,—
		+ 15 % USt	268,50	228,—
	BA 4	Überweisung von Müller	1 500,—	1 000,—
30.	KB 6	Gehaltszahlung bar	480,—	520,—

Abschlußangaben			DM	DM
31. 12.	SB 2	Warenendbestand lt. Inventur (Bruttoabschluß)	34 200,—	24 045,—
31. 12.	SB 3	1% Abschreibung auf Geschäftsausstattung vom Anschaffungswert	15 000,—	10 000,—

Aufgaben 122 und 123

Kontenplan (Sachkonten)

033, 034, 06, 08, 10, 131, 132, 14, 151, 161, 171, 18, 301, 39, 40, 41, 42, 43, 44, 46, 47, 48, 49, 80, 871, 91, 93, 94

Anfangsbestände		122 DM	123 DM
033	Betriebs- und Geschäftsausstattung	6 400,—	8 600,—
034	Fuhrpark	8 000,—	12 000,—
39	Warenbestand	46 200,—	38 800,—
10	Forderungen a. LL	13 825,—	9 460,—
	10/001 Heinz Keller, Hannover	4 215,—	3 128,—
	10/002 A. Pauly, Braunschweig	5 623,—	2 936,—
	10/003 Hans Voß, Hildesheim	3 987,—	3 396,—

		122	123
		DM	DM
131	Bankguthaben	5 460,—	4 725,—
132	Postgiro	2 370,—	1 988,—
151	Kasse	1 215,—	1 335,—
06	Eigenkapital	?	?
08	Darlehnsschulden	15 000,—	7 000,—
171	Verbindlichkeiten a. LL	16 200,—	11 643,—
	171/01 C. Fürst & Co., Bremen	9 860,—	5 490,—
	171/02 A. Kraft KG, Hamburg	6 340,—	6 153,—

Geschäftsfälle im Monat Juni 19..

Dat.	Beleg	Buchungstext		
1.	KB 1	Mietzahlung bar	180,—	170,—
2.	AR 1	Zielverkauf an Keller		
		Warenpreis (Nettowert)	1 400,—	2 200,—
		+ 15 % USt	360,—	330,—
		Rechnungsbetrag (Bruttowert)	2 760,—	2 530,—
4.	BA 1	Überweisung von Pauly	2 630,—	1 450,—
6.	BA 2	Überweisung an Fürst & Co.	3 400,—	2 800,—
8.	KB 2	Briefmarkeneinkauf bar	45,—	30,—
10.	PA 1	Überweisung von Voß	1 800,—	1 450,—
13.	KB 3	Barzahlung für eine Werbeanzeige		
		Nettowert	120,—	98,—
		+ 15 % USt.	18,—	14,70
15.	KB 4	Gehaltszahlung bar	540,—	380,—
17.	AR 2	Zielverkauf an Pauly		
		Warenpreis (Nettowert)	1 840,—	1 630,—
		+ 15 % USt.	276,—	244,50
		Rechnungsbetrag (Bruttowert)	2 116,—	1 874,50
	KB 5	Ausgangsfracht auf diese Sendung bar	46,—	40,25
		Umsatzsteueranteil.	6,—	5,25
19.	KB 6	Barzahlung von Keller	865,—	790,—
21.	ER 1	Zieleinkauf von Kraft KG		
		Warenpreis (Nettowert)	2 600,—	2 700,—
		+ 15 % USt.	390,—	405,—
		Rechnungsbetrag (Bruttowert)	2 990,—	3 105,—
23.	KB 7	Barzahlung des Handelskammerbeitrages	80,—	60,—
24.	KB 8	Benzin für Lieferwagen bar		
		Nettowert	85,—	120,—
		+ 15 % USt.	12,75	18,—
25.	SB 1	Private Warenentnahme		
		Warenpreis (Nettowert)	140,—	120,—
		+ 15 % USt.	21,—	18,—
		Bruttowert	161,—	138,—

			122	123
26.	AR 3	Zielverkauf an Voß	DM	DM
		Warenpreis (Nettowert)	3 100,—	2 960,—
		+ 15 % USt.	465,—	444,—
		Rechnungsbetrag (Bruttowert) . . .	3 565,—	3 404,—
28.	BA 3	Überweisung an Kraft KG	1 800,—	1 500,—
30.	BA 4	Überweisung der Umsatzsteuer . . .	?	?

Abschlußangaben

30.	SB 2	Warenbestand lt. Inventur (Nettoabschluß)	44 800,—	37 300,—
30.		Abschreibung vom Buchwert:		
	SB 3	auf Fuhrpark	2%	1%
	SB 4	auf Geschäftsausstattung	2%	1/2%

8.5.3.1.2 Die Offene-Posten-Buchhaltung (OPB)

„Im Rahmen der Rationalisierung des Rechnungswesens gehen Unternehmen dazu über, das Kontokorrentbuch mit der kontenmäßigen Darstellung des unbaren Geschäftsverkehrs mit den einzelnen Geschäftsfreunden in Form einer **Offenen-Posten-Buchhaltung** zu führen" (Bundessteuerblatt vom 28. 6. 1963, Teil II, S. 93).

Dabei werden die Buchungen im Grundbuch und im Kontokorrentbuch, die im Geschäftsverkehr mit Kunden und Lieferern anfallen, durch eine geordnete Ablage der nicht ausgeglichenen Rechnungen (= offene Posten) ersetzt. Das ist aber nur unter der Voraussetzung möglich, daß zu jeder Ausgangsrechnung zwei Durchschriften und zu Eingangsrechnungen, sofern keine Durchschrift mitgeschickt wurde, eine Kopie angefertigt werden.

● Offene Posten der Debitoren

Bearbeiten der Erstschriften. Die Erstdurchschläge werden fortlaufend numeriert abgelegt. Mit den Rechnungskopien eines Tages wird ein Additionsstreifen abgeheftet, aus dem alle Rechnungsbeträge und die Tagessumme der Zielverkäufe hervorgehen. Der Additionsstreifen bildet die Unterlage für den Sammelbeleg zu Eintragungen in das Debitorensachkonto. Daher ist auf ihm neben dem Buchungsbetrag zu vermerken, welche Rechnungen erfaßt wurden (z. B. Rechnungsnummer 17 bis 19).

1. Die Ablage der Erstdurchschriften mit dem Additionsstreifen ersetzt das Debitorenjournal.
2. Als Ersatz eines Buchführungsbuches sind Erstdurchschriften und Additionsstreifen 10 Jahre aufzubewahren.

Beispiel

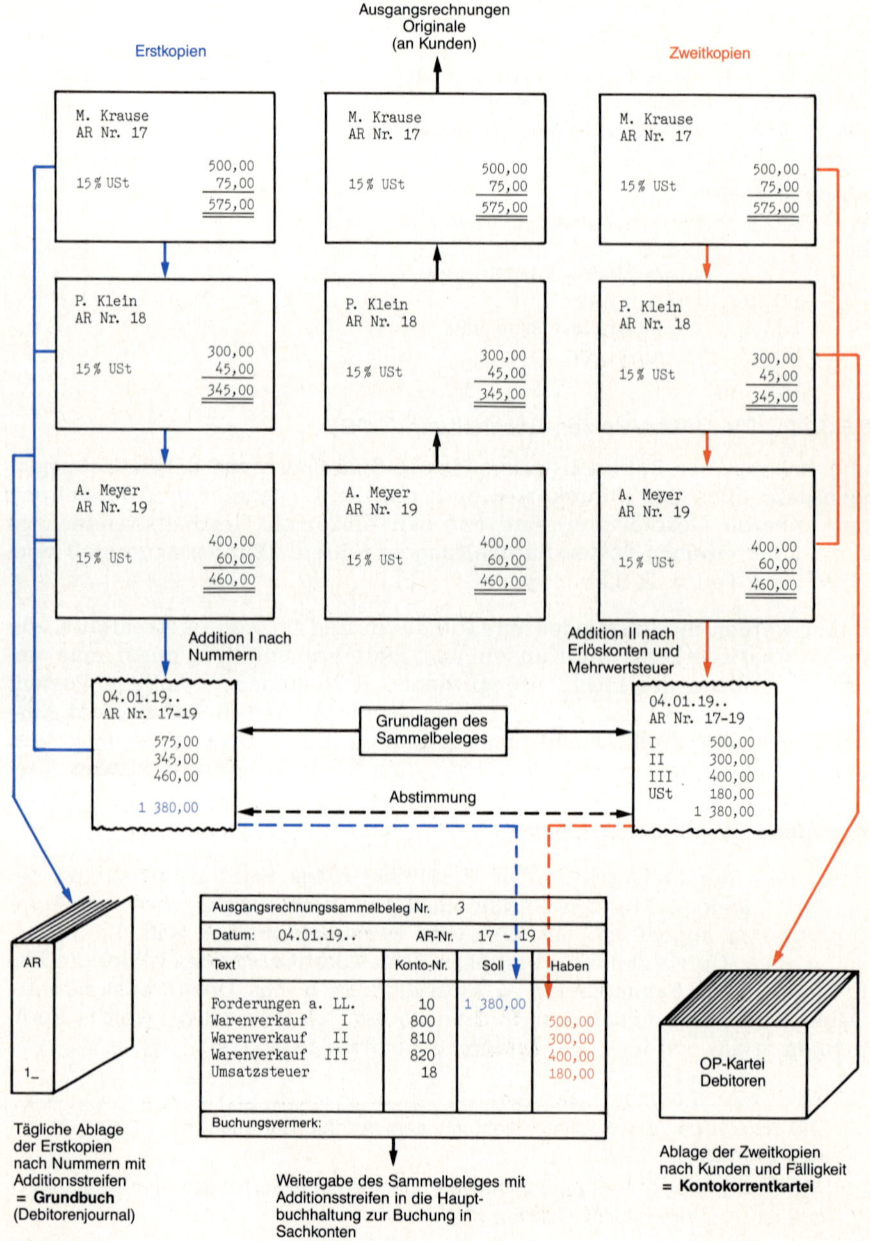
Ausgangsrechnungen
Originale
(an Kunden)
Erstkopien
Zweitkopien
M. Krause
AR Nr. 17
500,00
15 % USt 75,00
575,00
P. Klein
AR Nr. 18
300,00
15 % USt 45,00
345,00
A. Meyer
AR Nr. 19
400,00
15 % USt 60,00
460,00
Addition I nach Nummern
Addition II nach Erlöskonten und Mehrwertsteuer
04.01.19..
AR Nr. 17-19
575,00
345,00
460,00
1 380,00
Grundlagen des Sammelbeleges
Abstimmung
04.01.19..
AR Nr. 17-19
I 500,00
II 300,00
III 400,00
USt 180,00
1 380,00
AR
1_
Ausgangsrechnungssammelbeleg Nr. 3
Datum: 04.01.19.. AR-Nr. 17 - 19
Text
Konto-Nr.
Soll
Haben
Forderungen a. LL. 10 1 380,00
Warenverkauf I 800 500,00
Warenverkauf II 810 300,00
Warenverkauf III 820 400,00
Umsatzsteuer 18 180,00
Buchungsvermerk:
OP-Kartei
Debitoren
Tägliche Ablage der Erstkopien nach Nummern mit Additionsstreifen
= Grundbuch
(Debitorenjournal)
Weitergabe des Sammelbeleges mit Additionsstreifen in die Hauptbuchhaltung zur Buchung in Sachkonten
Ablage der Zweitkopien nach Kunden und Fälligkeit
= Kontokorrentkartei

Bearbeiten der Zweitdurchschrift. Die Zweitdurchschriften werden bis zum vollständigen Ausgleich der einzelnen Rechnungen nach Kunden hinter Leitkarten oder in Hängetaschen eingeordnet, so daß jederzeit die Forderungen gegenüber den einzelnen Kunden festgestellt werden können.

Die Ablage der Zweitkopien nach Kunden ersetzt das Kundenkontokorrent. Durch Maßnahmen, wie die Führung eines Kontenregisters, Belegsicherung mit Additionsstreifen, Belegentnahme nur gegen Fehlblatt, ist eine Vollständigkeitskontrolle sicherzustellen.

1. Die Beträge der Zweitkopien werden täglich nach Warengruppen und Steuersätzen aufgeschlüsselt und addiert.
2. Die entsprechenden Additionsstreifen bilden die Unterlage für die Erstellung des Sammelbeleges zu Eintragungen auf den Sachkonten (Erlös- und Mehrwertsteuerkonten). Sie werden dem Sammelbeleg angeheftet und mit diesem in die Hauptbuchhaltung weitergegeben.
3. Die Summe auf dem Additionsstreifen der Erstkopien muß mit den Summen der Additionsstreifen der Zweitkopien übereinstimmen (Kontrolle).

Arbeiten beim Zahlungseingang. Die Zahlungsbelege, wie Bank- und Postgiroauszüge mit Gutschriftzetteln, erhält artmäßig getrennt der Debitorensachbearbeiter. Dieser entnimmt aus der OP-Kartei die entsprechenden Rechnungen und versieht sie mit dem „bezahlt"-Stempel, in den er das Buchungsdatum, den Geldeingang, die Zahlungsart, die Abzüge, z. B. Skonto, und ggf. den noch offenen Restbetrag einträgt (s. Beispiel, S. 132).

Danach werden die Rechnungsbeträge addiert. Von der Gesamtsumme wurden Abzüge und noch mögliche offenstehende Restposten abgesetzt, so daß auf dem Additionsstreifen der Nettogeldeingang erscheint.

Die Nettoeingänge werden ebenfalls anhand der Zahlungsbelege addiert, und zwar aufgeschlüsselt nach Zahlungsart.

Nettogeldeingang lt. Zahlungsbelegen + Abzüge = Summe der Rechnungsbeträge (Kontrolle).

Dieser Weg hat sich in der Praxis als sicher erwiesen. So kann nie eine Rechnung in der Ablage verschwinden, die noch nicht oder nur teilweise ausgeglichen ist.

Beispiel

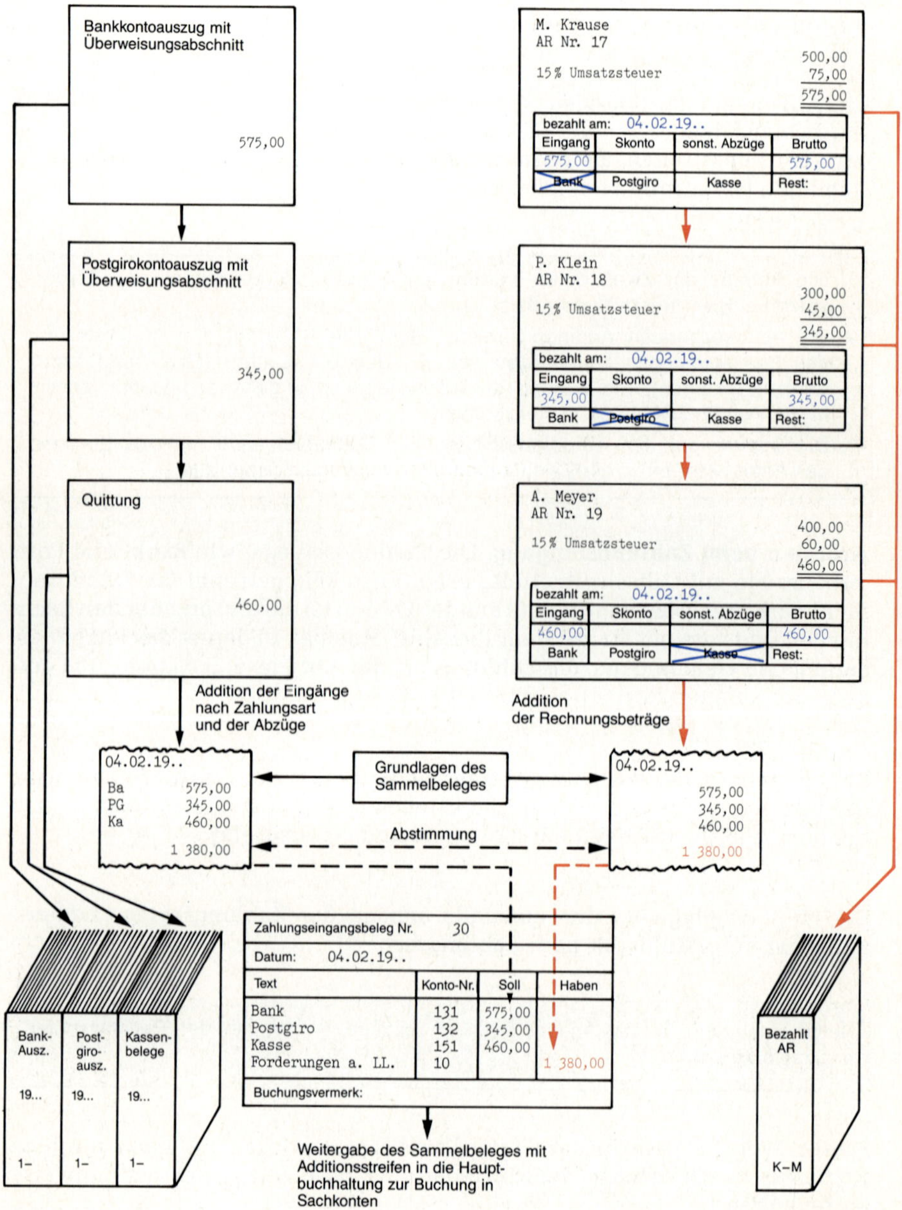

Bankkontoauszug mit Überweisungsabschnitt
575,00
Postgirokontoauszug mit Überweisungsabschnitt
345,00
Quittung
460,00
M. Krause
AR Nr. 17
500,00
15% Umsatzsteuer
75,00
575,00
bezahlt am: 04.02.19..
Eingang
Skonto
sonst. Abzüge
Brutto
575,00
575,00
Bank
Postgiro
Kasse
Rest:
P. Klein
AR Nr. 18
300,00
15% Umsatzsteuer
45,00
345,00
bezahlt am: 04.02.19..
Eingang
Skonto
sonst. Abzüge
Brutto
345,00
345,00
Bank
Postgiro
Kasse
Rest:
A. Meyer
AR Nr. 19
400,00
15% Umsatzsteuer
60,00
460,00
bezahlt am: 04.02.19..
Eingang
Skonto
sonst. Abzüge
Brutto
460,00
460,00
Bank
Postgiro
Kasse
Rest:
Addition der Eingänge nach Zahlungsart und der Abzüge
Addition der Rechnungsbeträge
04.02.19..
Ba 575,00
PG 345,00
Ka 460,00
1 380,00
Grundlagen des Sammelbeleges
Abstimmung
04.02.19..
575,00
345,00
460,00
1 380,00
Zahlungseingangsbeleg Nr. 30
Datum: 04.02.19..
Text
Konto-Nr.
Soll
Haben
Bank 131 575,00
Postgiro 132 345,00
Kasse 151 460,00
Forderungen a. LL. 10 1 380,00
Buchungsvermerk:
Bank-Ausz. 19... 1–
Post-giro-ausz. 19... 1–
Kassen-belege 19... 1–
Bezahlt AR K–M
Weitergabe des Sammelbeleges mit Additionsstreifen in die Hauptbuchhaltung zur Buchung in Sachkonten

Beide Additionsstreifen bilden die Grundlage zur Erstellung des Zahlungssammelbeleges für die tägliche Buchung auf den Sachkonten in der Hauptbuchhaltung.

Die bezahlten Rechnungen (Zweitkopien) werden in der Registratur als „bezahlte Rechnungen" nach Kunden zeitlich geordnet abgelegt. Auf einem Deckblatt ist für jeden Kunden ein Vollständigkeitsnachweis zu führen, z. B. durch Eintragungen der Rechnungsnummern.

Die Zahlungsbelege werden wie üblich bei den Bank-, Postgiro- und Kassenunterlagen abgelegt.

Mindestens zu jedem Monatsende ist eine Saldenliste zu erstellen und die Summe der Einzelsalden mit dem Saldo des Debitorensachkontos abzustimmen.

- **Offene Posten der Kreditoren**

Die Arbeitsgänge in der Kreditorenbuchhaltung stimmen mit denen in der Debitorenbuchhaltung überein. Freilich treten oft Schwierigkeiten durch unterschiedliche Rechnungserteilungen, Liefer- und Zahlungsbedingungen auf. In der Praxis wird daher versucht, die Bezugsbedingungen zu normen. Dabei ist es ein Vorteil, daß der Betrieb das Zahlungsverhalten selbst bestimmt.

Vergleich der OP-Buchhaltung mit der kontoführenden Kontokorrentbuchhaltung

Vorteile	Nachteile
1. Zeit-, Personaleinsparung und Arbeitsvereinfachung (Rationalisierung) 2. Verminderung der Fehlerquellen aufgrund der Sammelbuchungen 3. Einengung des Fehlerfeldes wegen der täglichen Abstimmungen 4. Leichterer Rückgriff auf die Belege 5. Bessere Arbeitsteilung möglich 6. Verbesserung des Mahnsystems	1. Zeitaufwand für notwendige Saldenermittlung 2. Umfangreichere Abschlußarbeiten 3. Anfertigen von Duplikaten bei Eingangsrechnungen 4. Komplizierte Aufschlüsselung der Rechnungsbeträge (AR) nach Warengruppen 5. ER und AR sind bei Geldausgängen und Geldeingängen nach Zahlungsarten herauszusuchen und anschließend noch alphabetisch statt nach Nummern abzulegen 6. Folge dieser Komplikationen sind andere Fehlerquellen

Aufgabe 124

Zu den folgenden Geschäftsfällen sollen die Belege für die OP-Buchhaltung der Firma Adalbert Wolf, 5300 Bonn, Steinstraße 17, angefertigt werden:

2. 4. 19. .: 1. AR 120 an W. Kaufmann, 5300 Bonn, Bahnstraße, für 200 m Wollmantelstoff je 11,30 DM + 15 % USt, Art.-Nr. 147/14

2. AR 121 an J. Breuer, 5300 Bonn, Rheinstraße 240, für 400 m Anzugstoff je 31,— DM + 15 % USt, Art.-Nr. 60/8

3. ER 65 von Ernst Beier KG, Tuchfabrik, 5100 Aachen, Eintrachtstraße 39 – 49, für 500 m Mantelstoff je 7,— DM + 15 % USt

4. ER 66 von A. Missel & Co., 7920 Heidenheim, Ulmer Straße 12 – 24 für 600 m Anzugstoff je 22,— DM + 15 % USt

2. 5. 19. .: 5. Banküberweisung für AR 120 (Fall 1) und für AR 121 (Fall 2)

6. Postüberweisung für ER 65 (Fall 3) und für ER 66 (Fall 4)

1. Beschreiben Sie die Belegbearbeitung im Rahmen der OPB am 2. 4. 19. . und am 2. 5. 19. . (Manstelstoff = Warengruppe I, Anzugstoff = Warengruppe II)!
2. Schreiben Sie die Sammelbelege für die Hauptbuchhaltung!

Aufgabe 125

1. Nennen Sie die Arbeitsschritte in der OPB nach einem Zielverkauf!
2. Erläutern Sie die Bedeutung der Erst- und Zweitkopie in der OPB!
3. Nennen Sie die Vor- und Nachteile der OPB gegenüber der kontenführenden Kontokorrentbuchhaltung!

8.5.3.2 Das Waren- und Lagerbuch

Das Waren- oder Lagerbuch enthält für jeden geführten Artikel ein eigenes Konto. Zugänge und Abgänge werden fast immer nur mengenmäßig erfaßt. Dadurch wird eine ständige Bestandskontrolle aller Artikel erzielt.

Am Ende des Jahres werden die Salden der Konten (Sollbestände) mit den Inventurergebnissen (Istbestände) verglichen. Durch Diebstahl, Verderb, Schwund und falsche Buchung können Unterschiede auftreten.

Das Warenbuch wird heute meistens durch die **Lagerkartei** (Lagerfachkartei, Warenlagerbewegungskartei) ersetzt. Die einzelnen Karteikarten enthalten dann noch weitere Angaben, wie Lieferer des Artikels, Mindestbestand (= Eiserner Bestand oder Meldebestand) und Höchstbestand.

Beispiel

Lagerkarteikarte

Artikel Nr.: 150 Art: BLECH			Lieferer: 171/05 171/10		Mindestbestand: 120 METER Höchstbestand: 600 METER
Datum	Beleg	Meterpreis	zu	ab	Bestand
02.01.19..	INVENTAR	8,80	--	--	180
03.01.19..	ME 3	--	--	60	120
10.01.19..	ER 15	8,70	360	--	480
18.01.19..	ME 39	--	--	90	390
28.01.19..	ME 66	--	--	120	270

Aufgabe 126

1. Sprechen Sie über die Bedeutung der Eintragungen im Kopf der Lagerkarteikarte!

2. Welche Angaben über Lieferer bzw. Kunden sollte eine Kontokorrentkartei enthalten?

3. Auf dem oberen Rand der Kunden- und Liefererkarteikarten stehen oft die Monatstage vom 1. bis zum 31. Warum?

4. Sprechen Sie über Anwendung und Bedeutung der Karteireiter!

8.6 Verfahren der doppelten Buchführung

8.6.1 Die Übertragungsbuchführung

Die durch die Belege gegebenen Geschäftsfälle werden zunächst im Grundbuch festgehalten. Von hier aus werden sie auf die Hauptbuchkonten übertragen. Durch ständiges Bemühen um übersichtlichere und aussagekräftigere Ergebnisse sind im Laufe der Buchführungsgeschichte verschiedene Formen der Übertragungsbuchführung entstanden, so die italienische, deutsche, französische, amerikanische Buchführung. Mit Ausnahme der amerikanischen Buchführung haben sie aber fast nur noch historischen Wert.

8.6.1.1 Die amerikanische Buchführung (= Tabellenbuchführung)

Grundbuch und Hauptbuch sind im sog. amerikanischen Journal vereinigt. Dadurch wird die Übertragungsarbeit wesentlich vereinfacht.

Vorteile dieses Verfahrens sind Übersichtlichkeit, Ausschaltung von Übertragungsfehlern und leichte Kontrolle der Beträge.

Die Summe aller Beträge auf den Konten (Soll und Haben) muß mit der Summe in der Betragsspalte übereinstimmen (Summenprobe).

Soll die Übersicht nicht leiden, können im amerikanischen Journal nur die wichtigsten Konten eingerichtet werden. Seltene Buchungen werden auf dem Sammelkonto „Verschiedene Konten" erfaßt. Die amerikanische Buchführung eignet sich nur für Kleinbetriebe, da eine Arbeitsteilung nicht möglich ist.

8.6.1.2 Die erweiterte amerikanische Buchführung mit Tabellen- und Abschlußbuch

Sie kennt neben dem **Tabellenbuch das Abschlußhauptbuch.**

Das Tabellenbuch nimmt nur noch die laufenden Buchungen auf. Es wird von den Zahlen der Eröffnungs-, Um- und Abschlußbuchungen befreit.

Die Konten des Abschlußhauptbuches nehmen folgende Buchungen auf:

1. die Eröffnungsbuchungen am Anfang des Jahres,
2. von Monat zu Monat die Summen aus dem Tabellenbuch,
3. die Umbuchungen,
4. die Abschlußbuchungen.

Der Vorteil dieser Methode liegt darin, daß das Tabellenbuch nach buchhalterischen Arbeitsbereichen aufgegliedert werden kann (Arbeitsteilung), z. B. je ein Grundbuch in der Kassen-, Einkaufs- und Verkaufsabteilung. Außerdem ist die Geheimhaltung verschiedener Zahlen durch die Führung eines Abschlußhauptbuches gewährleistet.

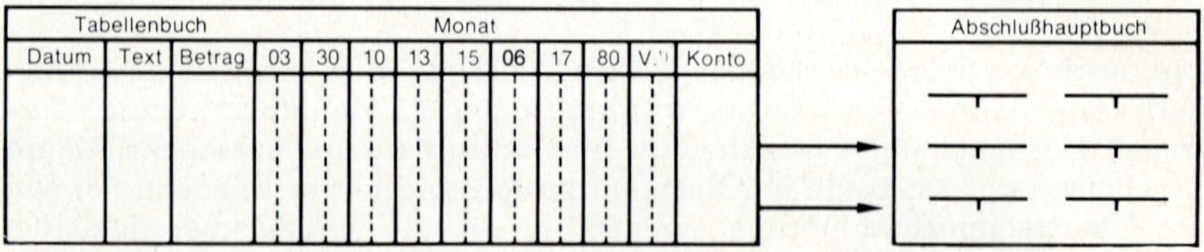

1. Laufende Buchungen
2. Monatliche Errechnung der Soll- und Habensummen zur Übertragung auf die Konten des Abschlußhauptbuches

1. Eröffnungsbuchungen
2. Monatliche Sammlung der Soll- und Habensummen aus dem Tabellenbuch
3. Umbuchungen
4. Abschlußbuchungen

Siehe Beispiel Seite 138 und 139!

Aufgaben 127 und 128

Kontenplan

03, 06, 10, 131, 14, 151, 171, 18, 301, 39, 48, 801, 91, 93, 94
Verschiedene Konten: 161, 41, 44, 49

Anfangsbestände	**127** DM	**128** DM
03 Geschäftsausstattung	5 300,—	6 200,—
39 Warenbestand	14 750,—	15 960,—
10 Forderungen a. LL	3 640,—	4 100,—
131 Bank	3 520,—	3 860,—
151 Kasse	1 810,—	1 640,—
171 Verbindlichkeiten a. LL	5 380,—	5 800,—
06 Eigenkapital	?	?

[1]) **V = Verschiedene Konten.**

			127	128
Geschäftsfälle im Monat Juni 19..			DM	DM
Dat.	Beleg	Buchungstext		
1.	KB 1	Mietzahlung bar	180,—	195,—
2.	KB 2	Einkauf von Büromaterial bar		
		Nettowert	85,—	60,—
		+ 15 % USt.	12,75	9,—
3.	AR 1	Zielverkauf an Peters		
		Warenpreis (Nettowert)	2 600,—	2 300,—
		+ 15 % USt.	390,—	345,—
		Rechnungsbetrag (Bruttowert)	2 990,—	2 645,—
6.	BA 1	Überweisung von Schröder.	2 000,—	2 500,—
7.	KB 3	Privatentnahme bar	400,—	250,—
8.	BA 2	Überweisung an Steinmann	2 800,—	2 400,—
10.	ER 1	Zieleinkauf von Pilz AG		
		Warenpreis (Nettowert)	2 240,—	1 970,—
		+ 15 % USt.	336,—	295,50
		Rechungsbetrag (Bruttobetrag)	2 576,—	2 265,50
12.	KB 4	für Werbeanzeige bar		
		Nettowert	113,—	125,—
		+ 15 % USt.	16,95	18,75
15.	KB 5	Warenverkauf bar		
		Warenpreis (Nettowert)	640,—	720,—
		+ 15 % USt.	96,—	108,—
		Rechnungsbetrag (Bruttowert)	736,—	828,—
18.	AR 2	Zielverkauf an Hopper		
		Warenpreis (Nettowert)	1 630,—	1 720,—
		+ 15 % USt.	244,50	258,—
		Rechnungsbetrag (Bruttowert)	1 874,50	1 978,—
20.	BA 3	Überweisung von Peters	1 200,—	1 500,—
24.	KB 6	Telefongebühren bar	96,—	84,—
27.	BA 4	Überweisung an Steinmann	1 600,—	1 450,—
29.	BA 5	Überweisung der Umsatzsteuer (Zahllast)	?	?

Abschlußangaben

1. Warenendbestand lt. Inventur (Bruttoabschluß) . . .	13 750,—	14 440,—
2. 1% Abschreibung auf Geschäftsausstattung vom Anschaffungswert	6 000,—	8 000,—

Aufgaben 129 und 130

Buchen Sie im Tabellen- und Abschlußhauptbuch:

Kontenplan

Im Tabellenbuch: 03, 06, 10, 131, 14, 151, 161, 171, 18, 301, 39, 40, 41, 43, 48, 801
Im Abschlußhauptbuch außerdem: 49, 91, 93, 94
(Fortsetzung S. 140)

Datum	Beleg	Buchungstext	Kontierung	Betrag	03 Geschäftsausstattung		30 Wareneingang 39 Warenbestand		10 Forderungen		13 Bank	
					Soll	Haben	Soll	Haben	Soll	Haben	Soll	Haben
		I. Eröffnungsbuchungen										
01.12.	SB 1	5 Aktivkonten	033,30,10 131,91	22 840	5000		12000		2500		2400	
	SB 2	2 Passivkonten	91/ 08,171	22840								
		II. Laufende Buchungen										
03.12.	KB 601	Warenverkauf bar	151/80	600								
05.12.	AR 704	Zielverkauf an Ortmann	10/80	3400					3400			
07.12.	KB 602	Telefongebühren bar	48/151	95								
09.12.	KB 603	Privatentnahme, bar	16/151	500								
11.12.	BA 270	Überweisung von Mey	13/10	1100						1100	1100	
15.12.	KB 604	Gehaltszahlung, bar	40/151	480								
18.12.	AR 705	Zielverkauf Berger	10/80	3900					3900			
21.12.	ER 310	Zieleinkauf Dirks	30/171	4200			4200					
25.12.	BA 271	Überweisung von Ortmann	131/10	2000						2000	2000	
28.12.	BA 272	Überweisung an Dirks	171/131	2500								2500
		III. Vorbereitende Abschlußbuchungen										
31.12.	SB 3	WBVÄ	30/39	900			900	900				
31.12.	SB 4	Abschreibung auf										
		Geschäftsausstattung	49/033	250		250						
31.12.	SB 5	Umbuchung Privat	06/16	500								
				66105	5000	250	17100	900	9800	3100	5500	2500
		IV. Abschlußbuchungen										
31.12.		3 Aufwandskonten	93/40, 48, 49	5925				5100				
31.12.		Warenverkauf	80/93	2800								
31.12.		Gewinn und Verlust	93/06	1975								
31.12.		5 Aktivkonten	94/03,30 10,131,151	26015		4750		11100		6700		3000
31.12.		2 Passivkonten	06,171/94	26015								
				127935	5000	5000	17100	17100	9800	9800	5500	5500

Grundbuch

151 Kasse		06 Kapital		17 Verbindlichkeiten		80 Warenverkauf		Verschiedene Konten			93 GuV		91 EBK		94 SBK	
Soll	Haben	Soll	Haben	Soll	Haben	Soll	Haben	Soll	Haben	Konto	Soll	Haben	Soll	Haben	Soll	Haben
940														22 840		
			19 740		3 100								22 840			
600							600									
							3 400									
	95							95		48						
	500							500		16						
	480							480		40						
							3 900									
					4 200											
				2 500												
								250		49						
		500							500	16						
1 540	1 075	500	19 740	2 500	7 300		7 900	1 325	500		–	–	22 840	22 840	–	–
									825	40,48,49	825					
						7 900						2 800				
			1 975										1 975			
	465														26 015	
		21 215		4 800												26 015
1 540	1 540	21 715	21 715	7 300	7 300	7 900	7 900	1 325	1 325		2 800	2 800	22 840	22 840	26 015	26 015

Hauptbuch

Anfangsbestände		129 DM	130 DM
03	Geschäftsausstattung	11 000,—	13 000,—
39	Warenbestand	28 600,—	35 900,—
10	Forderungen a. LL	6 200,—	7 600,—
131	Bankguthaben	5 630,—	5 840,—
151	Kasse	1 760,—	1 930,—
171	Verbindlichkeiten a. LL	7 310,—	8 450,—
06	Eigenkapital	?	?

Geschäftsfälle im Monat September 19..

Dat.	Beleg	Buchungstext	129	130
1.	KB 1	Mietzahlung bar	175,—	210,—
3.	BA 1	Überweisung von Schulz	1 800,—	1 680,—
5.	AR 1	Zielverkauf an Schneider		
		Warenpreis (Nettowert)	2 670,—	2 840,—
		+ 15 % USt.	400,50	426,—
		Rechnungsbetrag (Bruttowert)	3 070,50	3 266,—
7.	KB 2	Telefongebühren bar	118,—	109,—
		USt-Anteil	1,—	1,—
10.	KB 3	für Strom und Heizung bar		
		Netto	86,—	74,—
		+ 15 % USt.	12,90	11,10
13.	KB 4	Briefmarken bar	30,—	45,—
16.	KB 5	Lohnzahlung bar	570,—	480,—
18.	KB 6	Warenverkauf bar		
		Warenpreis (Nettowert)	740,—	680,—
		+ 15 % USt.	111,—	102,—
		Rechnungsbetrag (Bruttowert)	851,—	782,—
20.	ER 1	Zieleinkauf von Missel		
		Warenpreis (Nettowert)	3 460,—	3 780,—
		+ 15 % USt.	519,—	567,—
		Rechnungsbetrag (Bruttowert)	3 979,—	4 347,—
22.	BA 2	Überweisung an Lux AG	2 450,—	3 100,—
24.	KB 7	Privatentnahme bar	300,—	400,—
26.	AR 2	Zielverkauf an Hausmann		
		Warenpreis (Nettowert)	3 470,—	3 590,—
		+ 15 % USt.	520,50	538,50
		Rechungsbetrag (Bruttowert)	3 990,50	4 128,50
28.	BA 3	Überweisung von Schneider	2 500,—	2 000,—
30.	BA 4	Überweisung der Umsatzsteuer (Zahllast)	?	?

Abschlußangaben

		129	130
1.	Warenendbestand lt. Inventur (Nettoabschluß)	27 360,—	34 750,—
2.	Abschreibung auf Geschäftsausstattung vom Buchwert	1%	½%

8.6.2 Die Durchschreibebuchführung

Alle Verfahren der Übertragungsbuchführung sind durch bestimmte Mängel gekennzeichnet:

1. Alle Buchungen werden in Grund-, Haupt- und ggf. Nebenbüchern getrennt und nacheinander ausgeführt.
2. Hoher Arbeitsaufwand und Übertragungsfehler sind die Folgen.
3. Im amerikanischen Journal ist außerdem die Kontenzahl beschränkt, wodurch die Übersicht leidet.
4. Eine Arbeitsteilung in der Buchhaltung ist kaum möglich.

Diese Nachteile werden durch die **Durchschreibebuchführung** ausgeschaltet. Durch Anwendung der Durchschreibetechnik wird in **einem** Arbeitsgang im Journal und im Sach- und Kontokorrentkonto gebucht.

Voraussetzung für dieses Verfahren sind:

1. Auflösung der gebundenen Grund-, Haupt- und Nebenbücher in lose Blätter,
2. übereinstimmende Lineatur auf den einzelnen Blättern zum Zwecke der Durchschrift.

Das Grundbuch, hier Journal genannt, enthält mehrere Doppelspalten:

- beim **Zweispaltenverfahren** je eine Doppelspalte für Personen- und Sachkonten,
- beim **Dreispaltenverfahren** je eine Doppelspalte für Kunden-, Lieferer- (Personenkonten), Bestands- und Erfolgskonten (Sachkonten).

Die Kontenblätter sind entsprechend gegliedert und nach Kontenarten durch verschiedene Farben gekennzeichnet.

In regelmäßigen Abständen (monatlich) werden die Summen der Spalten „Kunden" und „Lieferer" auf die Hauptbuchkonten „Forderungen a. LL" und „Verbindlichkeiten a. LL" übertragen.

Bis heute sind rund 200 Durchschreibeverfahren entwickelt worden. Sie unterscheiden sich oft nur durch geringfügige Abweichungen in der Lineatur der Vordrucke oder in der technischen Ausführung des **Durchschreibegerätes,** das die erforderlichen Vordrucke spalten- und zeilenmäßig in Übereinstimmung bringt.

Beispiel

Buchung nach dem Dreispaltenverfahren

Seite 1 — **BUCHUNGSBOGEN** Monat Juli 19..

Datum	Beleg Nr.	Buchungsbezeichnung Skonti	KUNDEN Belastung	KUNDEN Gutschrift	LIEFERANTEN Belastung	LIEFERANTEN Gutschrift	SACHKONTEN Belastung	SACHKONTEN Gutschrift	Buchgs.-bogen Seite	Konto Nr.	Gegen-Konto Nr.	< Zeichen
		Übertrag:										
01.07.		AR 81	2 300,00						1	10/1	80	
01.07.		AR 81 an Hof						2 300,00	1	80	10/1	
03.07.		ER 42 von Lange					1 800,00		1	30	171/1	
03.07.		ER				1 800,00			1	171/1	30	

Kunden — Konto Nr. 10/1

Seite 1 — Kreditlinie: — Peter Hof, Wiesbaden — Zahlungs-Bed.:

Datum 19.. Tag Monat	Beleg Nr.	Buchungsbezeichnung Abzüge	Belastung	Gutschrift	Kontostand Nicht durchschreiben	S H	Nicht durchschreiben	Buchgs.-bogen Seite	Konto Nr.	Gegen-Konto Nr.
		Übertrag:						—	—	—
01.07.		AR 81	2300,00					1	10/1	80

Lieferanten — Konto Nr. 171/1

Seite — Kreditlinie: — Fritz Lange, Mainz — Zahlungs-Bed.:

Datum 19.. Tag Monat	Beleg Nr.	Buchungsbezeichnung	Nicht durchschreiben	Belastung	Gutschrift	Kontostand Nicht durchschreiben	S H	Nicht durchschreiben	Buchgs.-bogen Seite	Konto Nr.	Gegen-Konto Nr.
		Übertrag:							—	—	—
03.07.		ER 42			1800,00				1	171/1	30

Sachkonten — Konto Nr. 30

Seite — Wareneinkauf

Datum 19.. Tag Monat	Beleg Nr.	Buchungsbezeichnung	Nicht durchschreiben	S H	Kontostand Nicht durchschreiben	Belastung	Gutschrift	Buchgs.-bogen Seite	Konto Nr.	Gegen-Konto Nr.
		Übertrag:						—	—	—
03.07.		ER 42 von Lange				1 800,00		1	30	171/1

Sachkonten — Konto Nr. 80

Seite — Warenverkauf

Datum 19.. Tag Monat	Beleg Nr.	Buchungsbezeichnung	Nicht durchschreiben	S H	Kontostand Nicht durchschreiben	Belastung	Gutschrift	Buchgs.-bogen Seite	Konto Nr.	Gegen-Konto Nr.
		Übertrag:						—	—	—
01.07.		AR 81 an Hof					2300,00	1	80	10/1

Die Buchungen werden entweder **manuell oder maschinell** durchgeführt, und zwar nach der **Konto-Original-Methode** mit der Urschrift auf dem Konto.

Die Sach- und Personenkonten werden in Karteikästen aufbewahrt, die Journalblätter nach Beschriftung in ein Loseblattbuch (mit Klemm-Mechanik) geheftet.

Aufgabe 131

Buchen Sie den Beleggeschäftsgang, Aufgaben 114 und 115, S. 105 ff., im Durchschreibeverfahren! Beachten Sie folgende Angaben:

		Soll DM	Haben DM
① **3 Kundenkonten**			
10/001	Karl Klein, Bonn	61 490,—	53 510,—
10/002	Josef Breuer, Bonn	105 800,—	90 450,—
10/003	Werner Kaufmann, Bonn	43 010,—	36 610,—
② **2 Liefererkonten**			
171/01	Ernst Beier KG, Aachen	90 200,—	108 500,—
171/02	Friedrich Schweizer, Mönchen-Gladbach	70 400,—	80 640,—
③ **18 Sachkonten**			
03	Geschäftsausstattung	20 000,—	—
06	Eigenkapital	—	78 640,—
10	Forderungen a. LL	210 300,—	180 570,—
131	Bank	181 690,—	160 390,—
132	Postgiro	44 930,—	36 070,—
14	Vorsteuer	14 215,—	14 215,—
150	Kasse	25 416,—	22 186,—
161	Privatentnahmen	6 800,—	—
171	Verbindlichkeiten a. LL	160 600,—	189 140,—
18	Umsatzsteuer	21 913,50	21 913,50
301	Wareneingang	160 800,—	—
39	Warenbestand	44 000,—	—
40	Personalkosten	29 620,—	—
41	Mieten	1 140,—	—
48	Allgemeine Verwaltungskosten	835,—	—
49	Abschreibungen	—	—
801	Warenverkauf	—	219 135,—
93	Gewinn und Verlust	—	—
94	Schlußbilanzkonto	—	—
		922 259,50	922 259,50

4. **10 Journalblätter,** dreispaltig, 20 Zeilen, einseitig liniiert.

8.6.3 Buchführung mit elektronischen Datenverarbeitungsanlagen (DV)

Jede manuell durchgeführte Buchführung weist folgende Nachteile auf:

- langsame Buchung der Geschäftsfälle,
- zahlreiche Fehlerquellen wegen menschlicher Unzulänglichkeit,
- mangelhafte bzw. langsame Auswertbarkeit, da die Ergebnisse nur durch zeitraubende Abschlüsse tagfertig gemacht werden können,
- unzulängliche Unterlagen für betriebliche Entscheidungen,
- aufwendiger menschlicher Arbeitseinsatz.

Die Nachteile konnten auch nicht ganz mit Hilfe der rechnenden Schreibmaschine, der schreibenden Rechenmaschine und der Registrierbuchungsmaschine ausgeschaltet werden, da die Leistungfähigkeit, Schnelligkeit und Sicherheit dieser Maschinen in erster Linie von der des Bedieners abhängig ist. Hinzu kommt, daß die meisten Arbeiten immer wiederkehren. Sie bedürfen also keiner besonderen geistigen Anstrengung des Menschen. Daraus resultiert die Erkenntnis, daß solche Tätigkeiten sicherer und schneller von **Automaten** durchgeführt werden können.

So erklärt sich der rasche Übergang zur vollautomatischen Buchführung über DV-Anlagen.

Im folgenden sollen die wesentlichen Unterschiede zu herkömmlichen Verfahren herausgestellt werden. Vor der eigentlichen Buchung müssen die **Daten** oder **Informationen**, die aus den Belegen hervorgehen, auf maschinenlesbare Datenträger übertragen werden. Sodann werden die Datenträger mittels entsprechender Eingabegeräte zur Verarbeitung in die Zentraleinheit eingegeben.

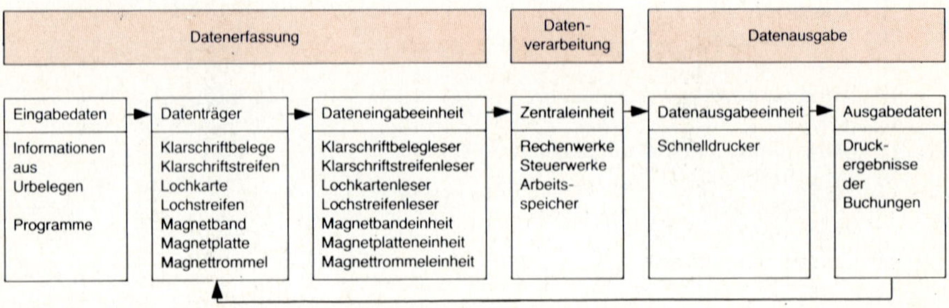

Neben den Daten werden der Zentraleinheit Programme eingegeben. **Programme** sind **Arbeitsanweisungen** für die DV-Anlage. Sie geben der Anlage an, **in welcher Reihenfolge die Daten verarbeitet werden sollen.**

Über die Ausgabeeinheit liefert die DV-Anlage die programmgemäßen Ergebnisse. Die ausgegebenen Ergebnisse werden zwecks späterer Weiterverwendung auf Datenträgern gespeichert.

Heute können die Vorteile der elektronischen Datenverarbeitung wegen der vielfältigen Möglichkeiten von allen Unternehmen genutzt werden.

In **Großbetrieben** mit einer großen Datenmenge sind **Großanlagen** installiert, die die Daten aller Bereiche verarbeiten. Sie werden oft vom Hersteller vermietet und bedient.

Für **Klein-** und **Mittelbetriebe** hat die **mittlere Datentechnik** Automaten zur Bearbeitung der Daten einzelner Bereiche entwickelt.

Service-Rechenzentren bieten darüber hinaus kleinen und mittleren Unternehmen eine **Datenverarbeitung außer Haus** an. Dabei wird die Buchführung nicht mehr vom Unternehmer oder vom Steuerberater erledigt, sondern von Unternehmen, die sich auf die Buchführung und ihre Auswertung spezialisiert und dazu verschiedene Programme entwickelt haben.

Bedeutendstes Rechenzentrum dieser Art ist die **„Datenverarbeitungsorganisation der Steuerbevollmächtigten für die Angehörigen des steuerberatenden Berufes in der Bundesrepublik Deutschland eGmbH (DATEV)“** in Nürnberg.

Der Mandant (= Auftraggeber) sammelt die Belege und gibt sie in regelmäßigen Abständen (z. B. monatlich) an den Steuerberater weiter. Dieser erfaßt mittels Datenerfassungsgerät die aus den Unterlagen (Belege, Belegsammlungen, Grundbücher) hervorgehenden **Daten** auf **Datenträgern,** die von der Datenverarbeitungsanlage gelesen werden können.

Gleichzeitig mit der Datenerfassung wird von demselben Gerät eine **Kontrolliste** über die eingehenden Daten erstellt, die **„Primanota“;** sie bleibt als **Grundbuch** beim Berater oder beim Mandanten. Der Datenträger wird an das Rechenzentrum geschickt. Hier werden die Daten eingelesen, im Journal protokolliert und nach Wunsch des Mandanten verarbeitet. Neben den Buchungsergebnissen (Journal, Konten, Summen- und Saldenlisten für Sachkonten, Kreditoren und Debitoren) können folgende Auswertungen geliefert werden: Umsatzsteuervoranmeldung, betriebswirtschaftliche Auswertung (Kostenstatistik, Liquiditätsrechnung), Hauptabschlußbericht, Bilanz und Gewinn- und Verlustrechnung.

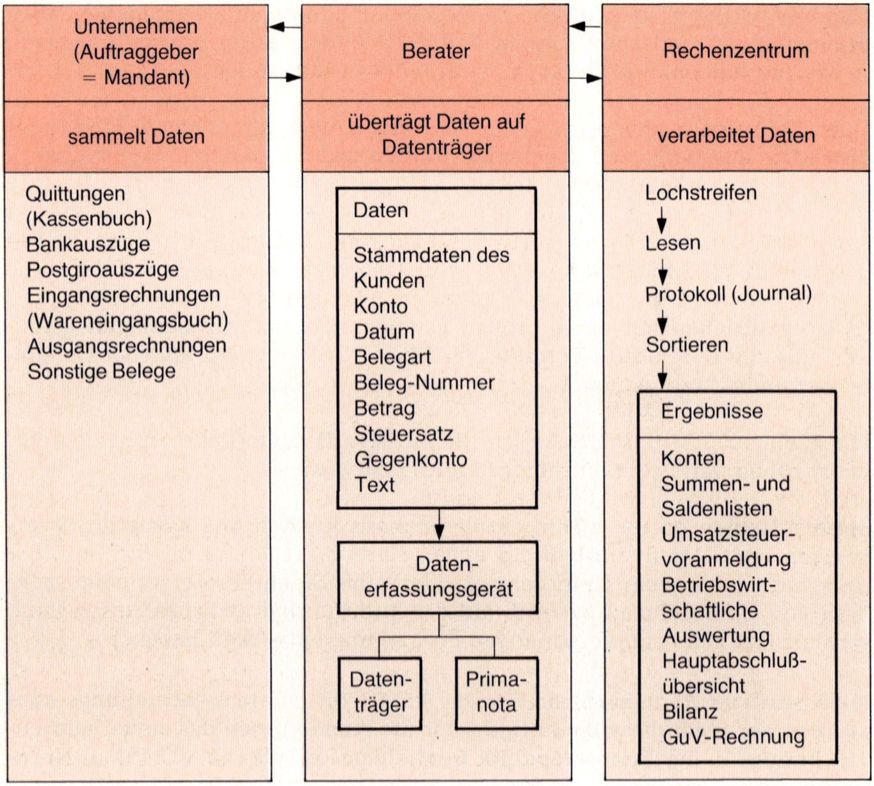

9 Auswertung der Buchführungsergebnisse

9.1 Notwendigkeit der Auswertung

Die doppelte Buchführung, gleich welches Verfahren Anwendung findet, hat die Aufgabe, die Vermögens- und Kapitalverhältnisse und deren Veränderungen in übersichtlicher Form darzustellen.

Aus den einzelnen Konten des Hauptbuches gehen die Vermögens- und Kapitaländerungen und deren Ursachen hervor.

Die Bilanz und Gewinn- und Verlustrechnung vermitteln einen Überblick über den Vermögensstand und den Erfolg am Ende eines Geschäftsjahres.

Der Vergleich mit den Ergebnissen früherer Jahre und anderer Betriebe gibt Aufschluß über die Entwicklung des Betriebes und seine Stellung gegenüber Konkurrenzbetrieben. Diese Vergleiche liefern darüber hinaus Unterlagen für betriebliche Verbesserungsmaßnahmen, z. B. Erweiterung, Rationalisierung, Werbemaßnahmen, Änderung des Warensortimentes oder Produktionsprogrammes.

Die Ergebnisse sind jedoch nicht nur für die Geschäftsleitung von großer Bedeutung, sondern auch für Außenstehende. So versuchen die Gläubiger — Lieferer oder Geldgeber — aus den veröffentlichten bzw. vorgelegten Handels- und Steuerbilanzen Einblick in ein Unternehmen zu gewinnen:

1. bei einer Prüfung der Kreditwürdigkeit,
2. vor einer langfristigen Beteiligung,
3. vor der Hergabe eines ungesicherten Darlehns,
4. vor Erteilung einer Auskunft,
5. bei einer steuerlichen Betriebsprüfung,
6. im Zusammenhang mit der Marktbeobachtung durch Institute und die Wirtschaftspresse.

In diesem Zusammenhang wird beispielsweise erörtert, ob der Betrieb über genügend Haftungskapital (= Eigenkapital) verfügt, ob die flüssigen Mittel reichen, die kurzfristigen Schulden zu tilgen, ob der Jahresgewinn eine Beteiligung sinnvoll erscheinen läßt.

Bilanz sowie Gewinn- und Verlustrechnung dürfen daher keine Zahlen enthalten, die über die wirkliche Vermögens- und Erfolgslage des Unternehmens hinwegtäuschen.

9.2 Grundsätze der Bilanzierung

Vier Grundsätze sind bei der Erstellung der Bilanz zu beachten:

① Grundsatz der Bilanzwahrheit

Alle Vermögens- und Schuldenposten müssen mit ihrem richtigen Wert[1]) in die Bilanz eingesetzt werden. Werden bestimmte Schulden oder Forderungen willkürlich in die Bilanz eingesetzt, um Dritte zu täuschen, spricht man von einer **Bilanzfälschung.** Sie ist strafbar.

---

1) Die Bewertungsprobleme werden in Band II, Buchführungspraxis, besprochen.

② **Grundsatz der Bilanzklarheit**

Der Inhalt der Bilanz muß so gegliedert sein, daß die Finanzierung und der Vermögensaufbau des Unternehmens klar zu erkennen sind (s. S. 20 ff., S. 151). Verstöße gegen diesen Grundsatz bezeichnet man als **Bilanzfrisur** oder Bilanzverschleierung. Beispiele hierfür sind: Zusammenfassung mehrerer Bilanzposten, Aufrechnung von Aktiv- und Passivposten usw. (§§ 243 und 246 HGB).

③ **Grundsatz der Bilanzkontinuität (Stetigkeit)**

Dieser Grundsatz verlangt von Jahr zu Jahr eine gleichmäßige Bewertung der Bilanzposten, z. B. Beibehaltung der Abschreibungssätze und -methode. Nur so ist ein Zeitvergleich wertvoll (vgl. § 252 HGB).

④ **Grundsatz der Bilanzvorsicht**

Zum Schutze der Gläubiger sollen die Vermögenswerte so niedrig wie möglich bewertet werden. Dieser Grundsatz steht teilweise zu dem Grundsatz der Bilanzwahrheit in Widerspruch. Handels- und steuerrechtliche Vorschriften verhindern jedoch eine willkürliche Bewertung (vgl. § 252 HGB).

Im **Handelsrecht** werden **Höchst- und Mindestwerte** angegeben, die nicht über- bzw. unterschritten werden dürfen. Die Gläubiger sollen vor zu hoher Bewertung der Vermögensteile und damit vor einer Täuschung über die Vermögenslage des Betriebes geschützt werden.

Die entsprechenden Vorschriften sind im HGB (§§ 243, 246, 252, 253 ff.) enthalten.

Das **Steuerrecht** begrenzt die Bewertung nur nach unten. Es will eine zu niedrige Bewertung des Betriebsvermögens, z. B. durch zu hohe Abschreibung, und die damit verbundene Verminderung des Steueraufkommens verhindern.

9.3 Bilanzauswertung und Bilanzkritik

9.3.1 Vorbereitungsarbeiten

Die Bilanz wird zunächst überprüft, ob sie den Gliederungs- und Ordnungsgesichtspunkten entspricht.

Aktiva		Bilanz	Passiva
I. Anlagevermögen		**I. Eigenkapital**	120 000,—
1. Gebäude	29 000,—	**II. Fremdkapital (Schulden)**	
2. Grundstücke	10 000,—	1. Hypothekenschulden	25 000,—
3. Fuhrpark	3 750,—	2. Darlehnsschulden	7 500,—
4. Geschäftsausstattung	7 250,—	3. Verbindlichkeiten a. LL	47 500,—
II. Umlaufvermögen			
1. Waren	75 000,—		
2. Forderungen a. LL	37 500,—		
3. Kasse	9 400,—		
4. Bankguthaben	28 100,—		
	200 000,—		200 000,—

Dieses Schema zur Gliederung der Bilanzpositionen gilt für alle Kaufleute mit Ausnahme der Kapitalgesellschaften (§ 247 HGB). Für Kapitalgesellschaften hat der Gesetzgeber besondere Gliederungs- und Ordnungsvorschriften erlassen (vgl. §§ 266 und 275 HGB).

9.3.2 Aufbereitung der Bilanz

Nach der richtigen Gliederung und Ordnung werden die Bilanzposten nach Flüssigkeits- bzw. Fälligkeitsgrad in Gruppen zusammengefaßt. Sodann werden die absoluten Zahlen in Verhältniszahlen umgerechnet: die Bilanzsumme wird gleich 100% gesetzt und der prozentuale Anteil jeder Gruppe berechnet.

Aktiva		Bilanz			Passiva
I. Anlagevermögen = illiquide Mittel	50 000,—	25%	I. Eigenkapital wird nicht fällig	120 000,—	60%
II. Umlaufvermögen			II. Fremdkapital		
1. Waren = schwer liquidierbare Mittel (3. Grades)	75 000,—	75% (Waren und Forderungen)	1. Hypothekenschulden, Darlehnsschulden = langfristige Verbindlichkeiten	32 500,—	40% (Hypothekenschulden, Darlehnsschulden und Verbindlichkeiten a. LL)
2. Forderungen a. LL = bedingt liquidierbare Mittel (2. Grades)	40 000,—		2. Verbindlichkeiten a. LL = kurzfristige Verbindlichkeiten	47 500,—	
3. Kasse, Bank = liquide (= flüssige) Mittel (1. Grades)	35 000,—				
	200 000,—	100%		200 000,—	100%

9.3.3 Auswertung

Die Verhältniszahlen werden miteinander verglichen. Dadurch erhält der Sachverständige einen Einblick in den Kapital- und Vermögensaufbau, in die Kapitalanlage und Zahlungsbereitschaft des Unternehmens.

9.3.3.1 Der Kapitalaufbau (Finanzierung)

Das Verhältnis von Eigen- zu Fremdkapital gibt Aufschluß über die Finanzierung eines Unternehmens.

$$\textbf{Finanzierung} = \frac{\textbf{Eigenkapital}}{\textbf{Fremdkapital}}$$

Beispiel

$$\text{Finanzierung} = \frac{60}{40} = \underline{\underline{1{,}5}}$$

Das Eigenkapital ist $1^1/_2$mal so groß wie das Fremdkapital.

Je mehr das Eigenkapital das Fremdkapital überwiegt, um so gesunder ist der Betrieb.

Das Eigenkapital ist das Haftungskapital und bestimmt neben dem Vermögensaufbau und der Zahlungsbereitschaft die Kreditwürdigkeit. Hinzu kommt, daß ein verhältnismäßig großes Eigenkapital den Betrieb krisenfest macht. Fremdkapital dagegen bringt eine ständige Belastung für den Betrieb durch Zinsen und Rückzahlungen, besonders wenn Umsatz und Ertrag zurückgehen. Außerdem führt ein hohes Fremdkapital oft zu betriebsfremder Einflußnahme auf die Geschäftsleitung (Verlust der Selbständigkeit).

Je mehr das Eigenkapital die fremden Mittel überwiegt, um so kreditwürdiger, krisenfester und unabhängiger ist ein Unternehmen.

Aufgabe 132

1. Warum kann die Finanzierung in unserem Beispiel als gut bezeichnet werden?
2. Wie kann das Verhältnis Eigenkapital : Fremdkapital noch verbessert werden?
3. Wodurch kann eine Verschlechterung eintreten?
4. Wie beurteilen Sie das Verhältnis von Eigenkapital : Fremdkapital = 3 : 4?

9.3.3.2 Die Kapitalanlage (= Kapitalinvestierung)

Das Verhältnis Eigenkapital : Anlagevermögen bringt wertvolle Erkenntnisse über die Kapitalanlage.

$$\textbf{Kapitalinvestierung} = \frac{\textbf{Eigenkapital}}{\textbf{Anlagevermögen}}$$

Beispiel

$$\text{Kapitalinvestierung} = \frac{60}{25} = \underline{\underline{2{,}4}}$$

Das Anlagevermögen bildet die Grundlage der Betriebsbereitschaft. Mit seiner Hilfe kann die eigentliche Betriebstätigkeit erst durchgeführt werden. Damit die Betriebsbereitschaft nicht gestört wird, soll das Anlagevermögen mit Eigenkapital finanziert sein.

Eine Finanzierung des Anlagevermögens mit langfristigem Fremdkapital sichert zwar die Betriebsbereitschaft, bringt aber den Nachteil ständiger Zinsbelastung mit sich.

In der untersuchten Bilanz ist das Eigenkapital 2,4mal größer als das Anlagevermögen. Daraus geht hervor, daß auch noch ein sehr großer Teil des Umlaufvermögens mit eigenen Mitteln finanziert wurde.

Das Eigenkapital und das langfristige Fremdkapital sollen mindestens das Anlagevermögen decken, damit die Betriebsbereitschaft immer garantiert ist.

Aufgabe 133

1. Wie beurteilen Sie die Finanzierung des Anlagevermögens mit kurzfristigem Fremdkapital?
2. Wie beurteilen Sie das Verhältnis Eigenkapital : Anlagevermögen = 4 : 5? Welche Verbesserungsmaßnahmen würden Sie vorschlagen?

9.3.3.3 Der Vermögensaufbau

Aus dem Verhältnis von Anlage- zum Umlaufvermögen wird der Vermögensaufbau deutlich. Dieses Verhältnis, das von der Art (Industrie, Handel usw.) des Betriebes abhängig ist, zeigt, wie das Kapital genutzt wird.

$$\textbf{Vermögensaufbau} = \frac{\textbf{Anlagevermögen}}{\textbf{Umlaufvermögen}}$$

Beispiel

$$\text{Vermögensaufbau} = \frac{25}{75} = \underline{\underline{1/3}}$$

Nur in anlage-intensiven Betrieben, wie z. B. in Bergwerks-, Hütten-, Verkehrs- und Theaterbetrieben ist ein Überwiegen des Anlagevermögens natürlich und wirtschaftlich vertretbar. Meistens, so vor allem bei sämtlichen Handelsbetrieben, überwiegt das Umlaufvermögen.

Das Anlagevermögen ist Hilfsmittel zur Erzielung des Umsatzes. Es verursacht jedoch hohe Kosten (Abschreibungen), die unabhängig vom Umsatz des Betriebes jährlich in gleicher Höhe anfallen (fixe Kosten). Hinzu kommt, daß anlage-intensive Betriebe verhältnismäßig konjunkturempfindlich sind, da sie sich nur mit hohem Aufwand umstellen können.

In unserem Beispiel ist das Umlaufvermögen dreimal größer als das Anlagevermögen.

Je höher das Umlaufvermögen, um so elastischer kann sich die Unternehmung wechselnden Marktsituationen anpassen, und um so größer sind die Gewinnchancen.

Aufgabe 134

1. In Großhandelsbetrieben bilden Waren und Forderungen meist die größten Posten innerhalb des Umlaufvermögens. Wie erklären Sie sich diesen Sachverhalt?
2. Was sagt Ihnen die Bilanz über die Art des Betriebes?
3. Welche Probleme bringt die Umstellung des Produktionsprogrammes für den anlage-intensiven Betrieb mit sich? Welche besonderen Vorteile hat diesbezüglich der arbeitsintensive Betrieb?

9.3.3.4 Die Zahlungsbereitschaft (= Liquidität)

Die aufbereitete Bilanz soll die Vermögensteile nach dem Grad ihrer Liquidierbarkeit ausweisen. So ist zu erkennen, ob der Betrieb in der Lage ist, seinen Zahlungsverpflichtungen nachzukommen.

Erfüllt ein Betrieb seine Zahlungsverpflichtungen nicht pünktlich, kann er seine Kreditwürdigkeit verlieren. Das ist besonders bei Wechselschulden (Schuldwechsel) der Fall. Anhaltende Zahlungsunfähigkeit führt sogar zum Konkurs einer Unternehmung. Daher sollte jeder Betrieb wenigstens über so viele flüssige Mittel verfügen, daß die kurzfristigen Schulden stets gedeckt werden können.

$$\textbf{Liquidität} = \frac{\textbf{flüssige Mittel}}{\textbf{kurzfristige Verbindlichkeiten}}$$

Beispiel

$$\text{Liquidität} = \frac{350}{475} = \frac{14}{19} \approx \underline{\underline{0{,}7}}$$

Die kurzfristigen Verbindlichkeiten werden im Beispiel nicht von den flüssigen Mitteln gedeckt. Im Normalfall ist jedoch damit zu rechnen, daß noch ein Teil der Forderungen und Waren flüssig wird, ehe alle Verbindlichkeiten fällig sind.

Die Erfahrung hat bestätigt, daß fast jede Zahlungsstockung vermieden wird, wenn das Umlaufvermögen stets wenigstens doppelt so groß ist wie die kurzfristigen Schulden.

$$\text{Liquidität} = \frac{\text{Umlaufvermögen}}{\text{kurzfristige Verbindlichkeiten}}$$

Beispiel

$$\text{Liquidität} = \frac{150}{47{,}5} \approx \underline{\underline{3}}$$

Das Umlaufvermögen ist im Beispiel 3mal größer als die kurzfristigen Verbindlichkeiten.

Die so errechnete Liquidität ist mit Vorsicht zu beurteilen. Sie gilt nur für den Bilanzstichtag und kann sich schnell ändern, so durch Lohn- und Gehaltszahlungen, Einkäufe von Anlagegütern usw. Um die dringlichsten Schulden zu erkennen, müßten die Fälligkeitsdaten bekannt sein!

1. Die Zahlungsbereitschaft einer Unternehmung ist gesichert, wenn das Umlaufvermögen doppelt so groß ist wie die kurzfristigen Verbindlichkeiten.
2. Für die dringlichsten Schulden (Wechselschulden, sofort fällige Liefererschulden) sollen stets flüssige Mittel bereitstehen.

Aufgabe 135

1. Warum ist die aus der Bilanz errechnete Zahlungsbereitschaft mit Vorsicht zu behandeln?
2. Welche Angaben müßten Sie haben, um ein genaueres Bild über die Liquidität zu erhalten?
3. Durch welche Maßnahmen kann die Liquidität verbessert werden?

Aufgaben 136—139

1. Stellen Sie die Bilanz nach der bekannten Ordnung und Gliederung auf!
2. Bereiten Sie die Bilanz auf!
3. Beurteilen Sie die Finanzierung, die Kapitalinvestierung, den Vermögensaufbau und die Liquidität.

Aufgaben 136 und 137

	136	137
	DM	DM
Waren	80 000,—	90 000,—
Forderungen a. LL	60 000,—	45 000,—
Besitzwechsel	8 000,—	6 000,—
Kasse	7 500,—	4 000,—
Postgiro	11 500,—	7 000,—
Bankguthaben	43 000,—	28 000,—
Gebäude	35 000,—	30 000,—
Grundstücke	15 000,—	20 000,—
Fuhrpark	15 000,—	100 000,—
Geschäftsausstattung	25 000,—	30 000,—
Hypothekenschulden	10 000,—	20 000,—
Darlehnsschulden	30 000,—	60 000,—

Verbindlichkeiten a. LL	65 000,—	52 000,—
Schuldwechsel	15 000,—	18 000,—
Eigenkapital	?	?

Aufgabe 138

Beurteilen und vergleichen Sie die Betriebe I und II auf Grund ihrer Bilanzen:

	Betrieb I DM	Betrieb II DM
Kasse	7 200,—	8 500,—
Postgiro	15 100,—	11 800,—
Bankguthaben	28 200,—	40 400,—
Waren	185 000,—	215 100,—
Forderungen a. LL	64 500,—	60 200,—
Gebäude	60 000,—	15 000,—
Maschinen	25 000,—	3 000,—
Fuhrpark	85 000,—	25 000,—
Geschäftsausstattung	30 000,—	41 000,—
Verbindlichkeiten a. LL	75 000,—	84 800,—
Darlehnsschulden	50 000,—	31 200,—
Hypothekenschulden	25 000,—	10 000,—
Eigenkapital	?	?

Aufgabe 139

Vergleichen Sie die beiden letzten Bilanzen der Großhandlung Alois Mons, Berlin!

Aktiva	1	2	Passiva	1	2
I. Anlagevermögen			**I. Eigenkapital**	270 000,—	350 000,—
1. Grundstücke	20 000,—	20 000,—			
2. Gebäude	25 000,—	24 000,—	**II. Fremdkapital**		
3. Maschinen	60 000,—	55 000,—			
4. Fuhrpark	15 000,—	120 000,—	1. Hypothekenschulden	40 000,—	40 000,—
5. Geschäftsausstattung	30 000,—	26 000,—	2. Darlehnsschulden	120 000,—	120 000,—
			3. Verbindlichkeiten a. LL	136 200,—	142 800,—
II. Umlaufvermögen			4. Schuldwechsel	33 800,—	47 200,—
1. Waren	209 700,—	280 300,—			
2. Forderungen a. LL	115 000,—	80 400,—			
3. Besitzwechsel	25 600,—	15 700,—			
4. Kasse	9 300,—	6 200,—			
5. Postgiro	25 000,—	17 300,—			
6. Bank	65 400,—	55 100,—			
	600 000,—	700 000,—		600 000,—	700 000,—

9.4 Auswertung der Gewinn- und Verlustrechnung

Die Gewinn- und Verlustrechnung ergänzt die Bilanz, indem sie den Posten „Gewinn" oder „Verlust" erläutert. Das geschieht durch die Aufgliederung der Aufwendungen und Erträge.

Somit sieht der Unternehmer den Anteil der einzelnen Kostenarten und Erträge und ihren Einfluß auf den Gesamterfolg. Vergleiche mit früheren Jahren geben Aufschluß über die Entwicklung der Löhne, allgemeinen Verwaltungskosten, Werbekosten, Abschreibungen u. a. Verhältniszahlen zum Umsatz, Rohgewinn und Vergleiche mit anderen Betrieben zeigen dem Unternehmer, wo er die Hebel zu Verbesserungsmaßnahmen ansetzen muß. Durch Kosteneinsparung und Ertragsmehrung wird der Betrieb so zu höherer **Wirtschaftlichkeit** geführt.

Jeder Unternehmer möchte mit geringstem Aufwand einen bestimmten Ertrag erzielen.

Auch für den Kreditgeber, z. B. Banken, ist die Einsicht in die Gewinn- und Verlustrechnung von größter Bedeutung. Die verschiedenen Vergleichszahlen geben ihm Auskunft über die Spanne zwischen Aufwand und Ertrag, über die Entwicklung des Betriebes und seine Zukunftsaussichten.

Aufgabe 140

1. Welche Maßnahmen würden Sie einem Großhandelsbetrieb (Lebensmittel) zur Steigerung des Umsatzes empfehlen?

2. Berechnen Sie für die Betriebe I und II auf Grund nachstehender Angaben folgende Vergleichszahlen:
   a) den Anteil der Personalkosten, der allgemeinen Verwaltungskosten, der Abschreibungen und der sonstigen Kosten am Umsatz zu Verkaufspreisen
   b) den Reingewinn

	Betrieb I DM	Betrieb II DM
Umsatz zu Einstandspreisen	900 000,—	850 000,—
Löhne und Gehälter	40 000,—	80 000,—
Allgemeine Verwaltungskosten	5 800,—	7 500,—
Abschreibungen	15 000,—	5 000,—
Sonstige Kosten	20 000,—	35 000,—
Ertrag aus Warenverkäufen (Warenrohgewinn)	150 000,—	140 000,—

Vergleichen Sie die beiden Betriebe! Welche Verbesserungsmaßnahmen schlagen Sie Betrieb II vor?

9.5 Feststellung und Beurteilung der Rentabilität

Die Rentabilität ist das Verhältnis des Reingewinns zum eingesetzten Kapital oder zum erzielten Umsatz.

Entsprechend ist die Rentabilität des eingesetzten Kapitals von der Umsatzrentabilität zu unterscheiden.

9.5.1 Rentabilität des Eigenkapitals (Unternehmerrentabilität)

Eigenkapital und Unternehmergewinn werden gegenübergestellt. Der Unternehmergewinn wird errechnet, indem man vom Reingewinn den Unternehmerlohn abzieht.

Unternehmerlohn ist das Entgelt für die geleistete Arbeit des Unternehmers.

Beispiel

Eigenkapital (Anfangskapital)	450 000,— DM
Unternehmerlohn (monatlich)	2 500,— DM
Reingewinn	80 000,— DM

Berechnung des Unternehmergewinnes

Reingewinn	=	80 000,— DM
— Unternehmerlohn	=	30 000,— DM
Unternehmergewinn	=	50 000,— DM

$$\text{Unternehmerrentabilität} = \frac{\text{Unternehmergewinn} \cdot 100}{\text{Eigenkapital}}$$

Beispiel $\text{Unternehmerrentabilität} = \frac{50\,000 \cdot 100}{450\,000} = 11^1/_9\,\%$

Die Unternehmerrentabilität ist ein Maßstab dafür, mit welchem Erfolg das Eigenkapital eingesetzt wurde. Die Rentabilität liegt im Beispiel weit über dem Zinssatz (6—9%) für langfristiges Fremdkapital. Im Reingewinn ist somit neben dem Unternehmerlohn und den Zinsen für das eingesetzte Kapital noch eine Prämie für das übernommene Risiko enthalten.

Fragwürdig wird die Anlage des Eigenkapitals im eigenen Betrieb, wenn anderweitig Zinssätze geboten werden, die die Unternehmerrentabilität übersteigen.

9.5.2 Rentabilität des Gesamtkapitals (Unternehmungsrentabilität)

Der Gewinn wurde mit dem Gesamtkapital erzielt. Dieses setzt sich aus Eigen- und Fremdkapital zusammen. Der Gewinn wurde in der Erfolgsrechnung durch die Zinsen gemindert, die für das Fremdkapital gezahlt wurden. Diese müssen dem Unternehmergewinn bei einer Berechnung der Rentabilität des Gesamtkapitals zugerechnet werden.

Beispiel

Eigenkapital	450 000,— DM
Fremdkapital	150 000,— DM
Unternehmergewinn	50 000,— DM
6% Zinsen für das Fremdkapital	9 000,— DM

$$\textbf{Unternehmungsrentabilität} = \frac{\textbf{(Unternehmergewinn + Zinsen)} \cdot \textbf{100}}{\textbf{Gesamtkapital}}$$

Beispiel Unternehmerrentabilität $= \dfrac{59\,000 \cdot 100}{600\,000} = \underline{\underline{9^5/_6\%}}$

Die Unternehmungsrentabilität zeigt, ob der Einsatz des Fremdkapitals für das Unternehmen günstig war.

9.5.3 Umsatzrentabilität

Sie gibt den prozentualen Anteil des Unternehmergewinns am Umsatz zu Verkaufspreisen an.

Beispiel

Umsatz zu Verkaufspreisen	1 500 000,— DM
Unternehmergewinn	50 000,— DM

$$\textbf{Umsatzrentabilität} = \frac{\textbf{Unternehmergewinn} \cdot \textbf{100}}{\textbf{Umsatz zu Verkaufspreisen}}$$

Beispiel Umsatzrentabilität $= \dfrac{50\,000 \cdot 100}{1\,500\,000} = \underline{\underline{3^1/_3\%}}$

Der Vergleich der Umsatzrentabilität mehrerer Jahre läßt die Entwicklung des Unternehmens erkennen. Je geringer der prozentuale Anteil am Umsatz ist, um so knapper ist der Gewinnzuschlag auf die Waren. Der geringe Gewinnanteil kann jedoch durch einen erhöhten Umsatz ausgeglichen werden, wie es in Unternehmen mit starker Konkurrenz häufig der Fall ist. Somit liefert die Umsatzrentabilität auch wertvolle Aussagen über die Marktstellung des Unternehmens.

Aufgabe 141

1. Das Eigenkapital eines Industriebetriebes beträgt 650 000,— DM, der Unternehmergewinn 26 000,— DM

   a) Berechnen und beurteilen Sie die Unternehmerrentabilität.

   b) Wie kann die Rentabilität verbessert werden?

2. Welche Überlegungen sind vor der Aufnahme eines Darlehens anzustellen?

3. Die Umsatzrentabilität eines Betriebes ist in den letzten 3 Jahren von 4% auf 3% und 2% gefallen.

   a) Wie erklären Sie sich das?

   b) Welche Maßnahmen empfehlen Sie?

Aufgabe 142

Die Buchhaltung eines Großhandelsbetriebes liefert für die letzten drei Jahre folgende Zahlen:

	1. Jahr	2. Jahr	3. Jahr
Eigenkapital	150 000,—	175 000,—	200 000,—
Fremdkapital	100 000,—	125 000,—	115 000,—
Zinsen für Fremdkapital	4 800,—	7 500,—	6 000,—
Reingewinn	25 000,—	35 000,—	50 000,—
Unternehmerlohn	9 600,—	12 000,—	14 400,—
Umsatz zu Verkaufspreisen	580 000,—	750 000,—	960 000,—

a) Errechnen Sie die Unternehmer-, Unternehmungs- und Umsatzrentabilität!

b) Beurteilen Sie die Entwicklung des Unternehmens!

9.6 Errechnung von Umschlagskennziffern zur Beurteilung der Wirtschaftlichkeit

Die Umschlagskennziffern werden durch Gegenüberstellung des Umsatzes mit einzelnen Posten der Bilanz errechnet. Mit ihrer Hilfe wird die Höhe der Bestände kritisch beleuchtet. Besonders aussagefähig sind der Lagerumschlag, der Umschlag der Forderungen und Verbindlichkeiten und der Kapitalumschlag.

Zur genauen Ermittlung der Kennziffern, vor allem aber zur Ausschaltung von Zufallsergebnissen, wird vom durchschnittlichen Jahresbestand ausgegangen.

Beispiel

Umsatz zu Einstandspreisen	720 000,—	DM
Umsatz zu Verkaufspreisen	960 000,—	DM
Durchschnittlicher Lagerbestand	60 000,—	DM
Durchschnittlicher Forderungsbestand	48 000,—	DM
Gesamtkapital	270 000,—	DM

9.6.1 Lagerumschlag

Die Lagerkennziffern wurden auf S. 68 ff. besprochen.

Aufgabe 143

1. Berechnen und beurteilen Sie die Umschlagshäufigkeit des Lagers und die Lagerdauer (Beispiel)!
2. Die Umschlagshäufigkeit eines Großhandelsbetriebes ging von 12 im Vorjahr auf 6 in diesem Jahr zurück. Entsprechend verlängerte sich die Lagerdauer von 30 auf 60 Tage. Wie erklären Sie diese Verschlechterung?
3. Worauf führen Sie eine Verbesserung von 5 auf 8 zurück?

9.6.2 Der Umschlag der Außenstände

Der Unternehmer muß darauf bedacht sein, die Forderungen bei den Kunden möglichst klein zu halten. Die Außenstände bei den Kunden bringen keine Zinsen, und das so festgelegte Kapital kann nicht anderweitig benutzt werden. Zur Erfüllung eigener Verbindlichkeiten und nicht zuletzt zur Ausnutzung von Zahlungsvorteilen, wie Skonti, Rabatten, ist der Unternehmer auf diese Gelder angewiesen.

$$\textbf{Umschlagshäufigkeit der Forderungen} = \frac{\textbf{Umsatz zu Verkaufspreisen}}{\textbf{durchschnittlicher Forderungsbestand}}$$

Beispiel Umschlagshäufigkeit der Forderungen $= \frac{960\,000}{48\,000} = \underline{\underline{20}}$

$$\textbf{Laufzeit der Forderungen} = \frac{360}{\textbf{Umschlagshäufigkeit der Forderungen}}$$

Beispiel Laufzeit der Forderungen $= \frac{360}{20} = \underline{\underline{18 \text{ Tage}}}$

Aufgabe 144

1. Wodurch kann die Kundschaft zur schnellen Zahlung erzogen werden?
2. Was sagen die Kennziffern in unserem Beispiel über die Kundschaft aus?
3. Ein wichtiger Finanzierungsgrundsatz lautet: „Forderungen und Verbindlichkeiten sollen sich stets die Waage halten." Erläutern Sie diesen Grundsatz!
4. Wie kann ein Betrieb sich weitgehend vor Zahlungsausfällen schützen?

---

1) Eine nähere Erläuterung der Umschlagskennziffern finden Sie in Band II, Buchführungspraxis.

9.6.3 Kapitalumschlag

Das Verhältnis vom Umsatz zu Einstandspreisen zum Kapital gibt die Umschlagshäufigkeit des Kapitals an. Daraus kann die Umschlagsdauer berechnet werden.

$$\textbf{Umschlagshäufigkeit des Kapitals} = \frac{\textbf{Umsatz zu Einstandspreisen}}{\textbf{Gesamtkapital}}$$

Beispiel $$\text{Umschlagshäufigkeit des Kapitals} = \frac{720\,000}{180\,000} = \underline{\underline{4}}$$

$$\textbf{Umschlagsdauer des Kapitals} \quad \frac{360}{\textbf{Umschlagshäufigkeit des Kapitals}}$$

Beispiel $$\text{Umschlagsdauer des Kapitals} = \frac{360}{4} = \underline{\underline{90 \text{ Tage}}}$$

Durch Rationalisierung kann der Kapitalumschlag beschleunigt werden. Das ist besonders wichtig bei Unternehmen, die einen hohen Fremdkapitalanteil aufweisen.

Wenn der Kapitalumschlag hoch ist, kann die Gewinnspanne klein sein, um eine gute Rentabilität zu erzielen.

Aufgabe 145

1. Erläutern Sie den Zusammenhang zwischen Kapitalumschlag und Kapitalbedarf!
2. Welche Rationalisierungsmaßnahmen schlagen Sie vor, um den Kapitalumschlag zu beschleunigen?

Aufgabe 146

Die Buchhaltung eines Großhandelsbetriebes stellt für die letzten 3 Jahre folgende Zahlen zur Verfügung:

	1. Jahr	2. Jahr	3. Jahr
Umsatz zu Einstandspreisen	630 000,—	742 500,—	822 500,—
Umsatz zu Verkaufspreisen	840 000,—	990 000,—	1 230 000,—
durchschnittlicher Lagerbestand	80 000,—	70 000,—	90 000,—
durchschnittlicher Forderungsbestand	75 000,—	60 000,—	80 000,—
Gesamtkapital	190 000,—	200 000,—	220 000,—

Errechnen Sie Lager-, Forderungs- und Kapitalumschlagshäufigkeit und -dauer, und beurteilen Sie die Entwicklung des Unternehmens anhand der errechneten Kennziffern!